"五个必由之路"研究丛书

内蒙古自治区党委宣传部 策划　洪向华 主编

# 贯彻新发展理念

## ——新时代我国发展壮大的必由之路

洪向华◎主编

人民出版社

责任编辑：洪　琼

**图书在版编目（CIP）数据**

贯彻新发展理念 ： 新时代我国发展壮大的必由之路 ／
洪向华主编. -- 北京 ： 人民出版社，2024. 8. -- ISBN
978－7－01－026656－5

Ⅰ. D616

中国国家版本馆 CIP 数据核字第 2024Z6N379 号

**贯彻新发展理念**
GUANCHE XINFAZHAN LINIAN
——新时代我国发展壮大的必由之路
洪向华　主编

人民出版社 出版发行
（100706　北京市东城区隆福寺街 99 号）

北京汇林印务有限公司印刷　新华书店经销
2024 年 8 月第 1 版　2024 年 8 月北京第 1 次印刷
开本：710 毫米×1000 毫米 1/16　印张：16
字数：250 千字

ISBN 978－7－01－026656－5　定价：72.00 元

邮购地址 100706　北京市东城区隆福寺街 99 号
人民东方图书销售中心　电话（010)65250042　65289539

# 总　序

洪向华　解　超

　　2022 年 3 月 5 日，习近平总书记在参加第十三届全国人大五次会议内蒙古代表团审议时，首次以"五个必由之路"的重大论断，科学回答了"中国为什么能"的世界之问。党的二十大报告指出："全党必须牢记，坚持党的全面领导是坚持和发展中国特色社会主义的必由之路，中国特色社会主义是实现中华民族伟大复兴的必由之路，团结奋斗是中国人民创造历史伟业的必由之路，贯彻新发展理念是新时代我国发展壮大的必由之路，全面从严治党是党永葆生机活力、走好新的赶考之路的必由之路。"这是我们在长期实践中得出的至关紧要的规律性认识，必须倍加珍惜、始终坚持，系统阐明"五个必由之路"在推动中国取得经济快速发展和社会长期稳定奇迹中的重要作用，更有助于我们在奋进新征程、建功新时代的历史进程中，把握主动，看清楚"过去我们为什么能够成功"，弄明白"未来我们怎样才能继续走向成功"，从而创造新的中国奇迹。

## 一、"五个必由之路"生动诠释了新时代中国
## 　　为什么能够成功

　　"五个必由之路"是在对中国道路的探索中形成的系统完整、相互贯通的统一体，它深刻揭示了党的"三大规律"、揭示了党始终立于不败之地的力量之源、揭示了党始终走在时代前列的根本途径，回答了党的重大时代课题。

　　"五个必由之路"深化了对共产党执政规律、社会主义建设规律、人类社会发展规律的认识。"五个必由之路"以加强党的领导作为深化对共产党执政规律认识的逻辑起点，以全面从严治党作为保障，深刻阐释了理解和把握中国道路和中国奇迹成功密码的关键在于坚持党的全面领导，深刻揭示了全面从严治党不仅是保护党的肌体筋骨的有力屏障，更是实现中华民族伟大复兴的坚强政治引领和政治保障。对社会主义建设规律的认识，就是对中国特色社会主义的认识。从本质上讲，中国特色社会主义是在深刻认识社会主义建设规律根本问题的历史过程中逐步走向成熟定型的。中国共产党运用马克思主义矛盾运动原理，科学判断新时代我国社会主要矛盾的变化，从战略方向、战略目标、重点领域对新时代党和国家建设进行顶层设计，全面规划了到本世纪中叶建成富强民主文明和谐美丽的社会主义现代化强国的路线图和时间表，对中国社会的发展理路与发展进向进行了梳理，彰显了在新时代坚持和发展中国特色社会主义、走好中国道路的重要价值。在对人类社会发展规律的把控上，中国共产党辩证理解生产力与生产关系、经济基础与上层建筑矛盾运动，在坚持大历史观、大局观念、大发展观的前提下，提出了新发展理念，指出贯彻新发展理念是新时代我国发展壮大的必由之路。

　　"五个必由之路"科学回答了"新时代坚持和发展什么样的中国特色社会主义、怎样坚持和发展中国特色社会主义""建设什么样的社会主义现代化强国、怎样建设社会主义现代化强国""建设什么样的长期执政的马克思主义政党、怎样建设长期执政的马克思主义政党"等时代课题。道路之问，廓清前进方向。中国特色社会主义作为实现中华民族伟大复兴的唯一正确道路，其最本质的特征是中国共产党的领导。从"十四个坚持""十个明确"到"五个必由之路"，都将"党的全面领导"和"中国特色社会主义"纳入其中，进一步深化了对社会主义发展阶段、发展道路、发展目的、根本任务等一系列重大问题的认识，形成了党对中国特色社会主义建设规律认识深化和理论创新的重大成果，体现了党深刻把握历史发展规律、始终掌握党和国家事业发展的历史主动和使命担当。强国之问，锚定宏伟目标。从全面建成小康社会到基本实现现代化，再到全面建成社会主义现代化强国，是新时代中国特色社会主义发展的全局性、前瞻性、指导性战略安排。面对当前社会发展的不平衡不充分的系统性矛盾，把握新发展阶段、贯彻新发展理念、构建新发展格局成为时代强国重任，充分体现了党立足当下、着眼未来、注重总结和运用历史经验的高瞻远瞩和深谋远虑。强党之问，锻造坚强肌体。治国必先治党，治党务必从严。全面从严治党提出了以党的政治建设为统领的新时代党的建设总要求，提出了以伟大自我革命引领伟大社会革命，有效解决了世界政党包括马克思主义政党一直存在的自我监督的世界性难题，破解了国家治理的"哥德巴赫猜想"，充分体现党牢记初心使命、永葆生机活力的坚强意志和坚定决心。

　　坚持"五个必由之路"，中国取得了经济快速发展和社会长期稳定的奇迹。从纵向历史比较来看，党的十八大以来，我们在

"五位一体"总体布局和"四个全面"战略布局下，聚焦全面建成小康社会目标，固根基、补短板、强弱项，脱贫攻坚战取得全面胜利，污染防治攻坚战效果显著，防范化解重大风险攻坚战取得成效，三大攻坚战在不断闯关夺隘中取得了决定性成就，经济总量稳居世界第二位，国家经济实力、科技实力、综合国力跃上新台阶，全面从严治党取得新成效，反腐败斗争取得压倒性胜利并全面巩固，社会实现了长期稳定。从横向的国际比较看，部分西方国家出现经济增长乏力、贫富差距拉大、政治极化严重、民粹主义高涨、人权虚伪、社会撕裂加剧等资本主义自身不可克服的矛盾，而中国仍然"任凭风浪起，稳坐钓鱼台"，国家治理体系和治理能力现代化水平不断提高，社会主义民主制度化、规范化发展更加纵深，全党在思想上更加统一、在政治上更加团结、在行动上更加一致，与"西方之乱"产生了极为鲜明的对比。这彰示着在中国共产党高瞻远瞩的领导下，在中国特色社会主义"行得通、有生命力、有效率"的指引下，在人民团结奋斗力量的凝聚下，在新发展理念的前瞻性、科学性指引下，在全面从严治党的监督下，中国一定能够以更加昂扬的姿态迈进新征程、建功新时代，以更加高度的自信，从成功走向更加成功。

## 二、坚定不移走好"五个必由之路"，中国一定能够继续取得新的成功

"必由之路"，就是胜利之路。"五个必由之路"浑然一体，交相融汇，共同为中国道路的持续稳定发展保驾护航。

奋进新征程，必须毫不动摇坚持党的领导。中国共产党的领导是党和国家的根本所在、命脉所在，是团结带领人民攻坚克难、开

拓前进最可靠的领导力量。我们能够在新冠疫情反复延宕，国际环境变幻莫测中实现"十四五"良好开局，取得"风景这边独好"的发展局面，归根结底是在中国共产党这个"主心骨"的领导下实现的。要走好新时代中国特色社会主义发展之道，唯有牢固坚持党的全面领导，保持高度的思想自觉、政治自觉、行动自觉，充分发挥党总揽全局、协调各方、多元整合的领导核心作用，才能够在复杂多变的国际国内形势下，保持"乱云飞渡仍从容"的战略定力，砥砺"不到长城非好汉"的奋斗精神，坚定不移开辟新天地、创造新成就，确保新时代中国特色社会主义的航船行稳致远。

奋进新征程，必须毫不动摇坚持和发展中国特色社会主义。中国特色社会主义既是我们必须不断推进的伟大事业，又是我们开辟未来的根本保证。在新的起点上，中国特色社会主义要求我们要提高战略思维、创新思维、辩证思维、底线思维、法治思维能力，增强原则性、创新性、系统性、预见性，更好贯彻党的理论和路线方针政策，坚定中国道路自信，弘扬中国精神、凝聚中国力量，一以贯之地将中国特色社会主义发展下去，为实现中华民族伟大复兴奠定坚实的基础。

奋进新征程，必须坚持团结奋斗，汇聚起再创历史伟业的磅礴伟力。"积力之所举，则无不胜也；众智之所为，则无不成也。"团结奋斗，不仅是中国共产党人领导中国人民在长期奋斗中形成的实践结晶和精神标识，更是中华文明赓续不绝的重要法宝。随着第一个百年奋斗目标的完成，我们开启了全面建设社会主义现代化国家新征程，我们党肩负着更加重大的时代使命、面临着更加艰巨的风险挑战。要使党像"铁一样地巩固起来"，就必须在党的领导下，"像石榴籽一样紧紧抱在一起"，既讲奋斗的决心与意志，又讲奋斗的策略与本领；既要同心同向、众志成城，敢于斗争、善于斗争，又要在初心不改、矢志不渝中，淬炼团结奋斗的品格，形成开创新时代勇往直前、无坚不摧的强大力量，推动中国实现从站起来、富起来到强起来的历史性飞跃。

奋进新征程，必须立足新发展阶段、贯彻新发展理念、构建新发展格局，推动高质量发展。立于两个"大局"，我们既要看到当前我国发展总体态势是好的，我们完全有基础、有条件、有能力取得新的伟大胜利，也要看到当前诸多矛盾叠加、风险挑战显著增多，我国发展面临着前所未有的复杂环境。在新形势下，必须进一步把握历史发展规律和发展大势，加强前瞻性思考，统筹国内国际两个大局，立足于根本宗旨、坚持问题导向、增强忧患意识，切实解决影响构建新发展格局、实现高质量发展的突出问题，增强发展动力、补齐发展短板、突破发展悖论，努力促进我国迈上更高质量、更有效率、更加公平、更可持续、更为安全的发展之路。

奋进新征程，必须坚持全面从严治党永远在路上，以赶考的清醒将反腐败斗争进行到底。当前，腐败和反腐败较量还在激烈进行，并呈现出一些新的阶段性特征，防范形形色色的利益集团成伙作势、"围猎"腐蚀还任重道远，有效应对腐败手段隐形变异、翻新升级还任重道远，彻底铲除腐败滋生土壤、实现海晏河清还任重道远，清理系统性腐败、化解风险隐患还任重道远。我们必须以永远在路上的政治自觉打好全面从严治党的攻坚战、持久战；以实际行动践行"两个维护"，强化党的先进性、纯洁性，实现管党治党的深化发展；以如履薄冰的谨慎和见叶知秋的敏锐，察大势、应变局、观未来，为平稳健康的经济环境、风清气正的政治环境、国泰民安的社会环境提供坚强保障。

# 目　录

# 前　言

作为一个个体的人，我们需要弄明白一些问题，那就是我是谁，我在哪里，我要向哪里去？弄清楚这些问题，我们才能找到人生努力的方向和目标。作为一个政党，要带领人民奋力前行，同样也需要弄清楚自己所处的定位，这样才能谋划未来的发展，才能找到党中央明确阶段性中心任务、制定路线方针政策的根本依据。这也是我们党领导革命、建设、改革不断取得胜利的重要经验。我们目前处于新发展阶段。作出这样的战略判断，有着深刻的依据。新发展阶段是社会主义初级阶段中的一个阶段，同时是其中经过几十年积累、站到了新的起点上的一个阶段。新发展阶段是我们党带领人民迎来从站起来、富起来到强起来历史性跨越的新阶段。

## 一、新发展阶段"新"在哪里？

那么这个新阶段具有哪些新特征呢？我想这个新阶段的"新"主要包括以下几个方面：

新就新在新的发展基础。经过新中国成立以来特别是改革开放40多年的不懈奋斗，我们已经拥有开启新征程、实现新的更高目标的雄厚物质基础。我国的经济实力、科技实力、综合国力跃上新的大台阶，经济运行总体平稳，经济结构持续优化。2022 年国内生产总值 1210207 亿元，比上年增长 3.0%。回顾中国经济近三年来的表现，2020 年增长 2.2%，是全球唯一实现正增长的主要经济体；2021 年增长 8.4%，经济规模占世界比重超 18%；三年来年均增长 4.5%，明显高于世界 2% 左右的平均水平，在世界主要经济体中保持领先，中国经济依然是世界经济增长的重要动力源。从数据上看，中华民族伟大复兴向前迈出了新的一大步，社会主义中国以更加雄伟的身姿屹立于世界东方。这些情况为我们完成新的目标筑牢了雄厚的发展基础。

新就新在新的发展任务。新发展阶段的任务已经由实现第一个百年奋斗目标——全面建成小康社会，转向实现第二个百年奋斗目标——全面建成社会主义现代化强国。那么我国要建成的现代化是什么现代化呢？这主要包括五个方面：一是中国式现代化是人口规模巨大的现代化。到现在为止，全球已经实现现代化的国家和地区人口大约是 10 亿，我国有 14 亿人口整体迈入现代化社会，这种规模将会超过现有发达国家的总和，将彻底地改写现代化的世界版图。这在人类历史上是一件具有深远影响的大事。二是中国式现代化是全体人民共同富裕的现代化。共同富裕是中国特色社会主义的本质要求，我国现代化坚持以人民为中心的发展思想，自觉主动地解决地区差距、城乡差距、收入分配差距，促进社会公平正义，逐步实现全体人民共同富裕，坚决防止两极分化。三是中国式现代化是物质文明和精神文明相协调的现代化。我们坚持社会主义核心价值观，加强理想信念教育，弘扬中华优秀传统文化，增强人民精神力量，促进物的全面丰富和人的全面发展。四是中国式现代化是人与自然和谐共生的现代化。我国现代化注重同步推进物质文明建设和生态文明建设，我们走的是生产发展、生活富裕、生态良好的文明发展道路。我们的资源消耗不能像某些发达国家那样浪费，否则，资源环境的压力是不可承受的。五是中国式现代化是走和平发展道路的现代化。大家知道一些老牌的资本主义国家，当年走的都是暴力掠夺殖民地的道路，是以其他国家落后为代价的现代化。中国式现代化强调同世界各国互利共赢推动构建人类命运共同体。所以说中国式现代化既切合中国实际，体现社会主义建设规律，也体现了人类社会发展规律。我们要坚定不移地推进中国式现代化，以中国式现代化全面推进中华民族伟大复兴，不断地为人类作出新的更大的贡献。新发展理念，也就是要把创新、协调、绿色、开放、共享的发展理念贯穿发展的全过程和各领域，努力实现更高质量、更有效率、更加公平、更可持续、更为安全的发展。党的二十大对全面建成社会主义现代化强国两步走战略安排进行宏观展望，确定了到 2035 年我国发展的总体目标和未来 5 年的主要目标任务。这些新的发展目标、发展任务，都体现了新的发展要求。

新就新在新的发展主题、新的发展主线。在整个社会主义初级阶段，"发展是解决我国一切问题的基础和关键"。全面建设社会主义现代化国家，高质量发展是首要任务，一是实现经济持续健康发展，要求推动高质量发展。我国正处于转变发展方式的关键阶段，劳动力成本上升，资源环境约束增大，粗放型发展方式难以为继，经济循环不畅问题突出。我们需要更好地贯彻落实新发展理念，坚持质量第一、效益优先，切实转变发展方式，推动质量变革、效率变革、动力变革。二是解决我国社会主要矛盾，要求推动高质量发展。发展不平衡不充分问题，就是发展质量不高的表现。坚持以推动高质量发展为主题，就是要在质的大幅提升中实现量的有效增长。在我国新发展阶段，高质量发展不仅仅局限于经济领域，我国社会主义现代化建设各方面各领域都要体现高质量发展要求，都要坚持以人民为中心的发展思想，不断实现人民对美好生活的向往，增强人民群众的获得感、幸福感、安全感。三是遵循经济规律，要求推动高质量发展。20 世纪 60 年代以来，在全球 100 多个中等收入经济体中，只有十几个成为高收入经济体。这些取得成功的国家和地区，就是在经历了高速增长阶段后实现经济发展从量的扩张转向质的提高。而那些徘徊不前甚至倒退的国家和地区，就是没有自觉地推动和实现这种根本性转变。经济发展中量的积累到了一定阶段必须及时转向质的提升，我国经济发展也需要顺应并遵循这一规律。以深化供给侧结构性改革为主线，是实现高质量发展的必然要求。当前和今后一个时期，我国经济发展面临的问题，在供给和需求这两侧都有，但矛盾的主要方面在供给侧。我国一些行业和产业，一方面产能严重过剩，另一方面有大量关键装备、核心技术、高端产品还依赖进口。解决这些结构性问题，需要从供给侧发力，把改善供给侧结构作为主攻方向。供给侧结构性改革说到底，就是要使我国供给能力更好满足人民日益增长的美好生活需要。供给侧结构性改革的重点，就是进一步解放和发展生产力，用改革的办法推进结构调整，减少无效和低端供给，扩大有效和中高端供给，增强供给结构对需求变化的适应性和灵活性，着力提高全要素生产率。通过深化供给侧结构性改革，优化存量资源配置，扩大优质增量供给，不断让新的需求催生新的供给，让新的供给创造新的需求，从而实现更高水平和更高质量的供需动态平衡。

新就新在新的发展环境。从国际环境看，一是国际力量对比深刻调整，大国博弈更加激烈，国际经济、科技、文化、安全、政治等格局都在发生深刻调整，世界秩序加快从旧秩序向新秩序切换，世界业已进入动荡变革期。二是经济全球化遭遇逆流，经济全球化势头将有所减弱。三是某些西方大国单边主义、保护主义、霸权主义抬头，对世界和平与发展构成威胁，国际环境日趋复杂。四是新一轮科技革命和产业变革深入发展，正在推动世界经济结构、产业结构、国际分工发生深刻变革，新经济、新模式迅猛发展，全球产业链、供应链、创新链、价值链发生深刻重组。五是人民对美好生活的向往更加强烈，解决好就业、教育、医疗、社保、住房、养老、食品安全、社会治安等突出民生问题，更好满足人民对美好生活向往的任务比以往任何时候都更加迫切。

## 二、新发展阶段必须完整、准确、全面贯彻新发展理念

党的十八大以来，我们对经济社会发展提出了许多重大理论和理念，其中新发展理念是最重要、最主要的。新发展理念是一个系统的理论体系，回答了关于发展的目的、动力、方式、路径等一系列理论和实践问题，阐明了我们党关于发展的政治立场、价值导向、发展模式、发展道路等重大政治问题。全党必须完整、准确、全面贯彻新发展理念。那么为什么要完整、准确、全面呢？这主要由于以下几个原因。

新发展理念是具有内在联系的集合体，必须完整地理解和贯彻。习近平总书记指出，新发展理念是不可分割的整体，相互联系、相互贯通、相互促进，要一体坚持、一体贯彻，不能顾此失彼，也不能相互替代，所以我们要完整地理解和贯彻。我们应当认识到，创新的发展理念，注重的是实现更高质量、更高效益的发

展。坚持创新发展，将使我国各方面的发展更加均衡环保、更加优化包容。进言之，创新发展对协调发展、绿色发展、开放发展、共享发展都有很强的推动作用。而没有创新这一发动机，就无法在我国发展面临重大考验的关键时刻找到发展的强劲动力。协调的发展理念，注重的是实现更加均衡、更加全面的发展。更加注重生态保护、社会保护，是协调发展的题中之义。因而，坚持协调发展，将显著推进绿色发展和共享发展进程。而没有协调这一润滑剂，就会在推进发展的过程中左支右绌，就不能很好完成发展目标。绿色的发展理念，注重的是实现更加环保、更加和谐的发展。坚持绿色发展，将深刻影响地区发展模式和幸福指数。要实现绿色发展，就必须不断推动技术创新和理念创新。同时，绿色发展将显著提高人们的生活质量，使共享发展成为有质量的发展。而没有绿色这一主基调，任何形式的发展都会走入死胡同，负上环保债。开放的发展理念，注重的是实现更加优化、更加融入的发展。坚持开放发展，将增强我国经济的开放性和竞争性。开放发展是一国繁荣的必由之路，历史和现实告诉我们，封关闭国只会是死路一条。开放发展，将使发展更加注重创新，更加重视生态文明的影响，更加有利于实现共享发展。而没有开放这一导航器，就不能顺应世界发展的大势，就会走向落后与失败。共享的发展理念，注重的是实现更加公平、更加正义的发展。坚持共享发展，是坚持其他四种发展的出发点和落脚点。发展的目的在人民，发展的归宿在人民。坚持共享发展，也将为其他四种发展提供伦理支持和前进动力。而没有共享这一定盘星，就从根本上背离了社会主义制度的初衷，违背了党的宗旨。

新发展理念各自有明确的要求，必须准确地理解和贯彻，不能出现失误。以创新发展理念驱动高质量发展。从本质上来说，旧事物灭亡与新事物产生是发展的必经过程，创新可以推动事物由量化向质化飞跃。在新的历史时期，需要在各个领域、各个行业、各个方面大胆探索，才能在变局中实现真正的发展。随着新一轮的科技革命和产业变革的到来，要坚持科技自强的理念，健全创新体制机制，注重在各个领域之间开展科技研发，以突破核心技术引领社会高质量发展。同时，实施更加开放的人才政策，深化人才体制机制改革，培养科技创新型人才与团队，加快建设科技强国。

以协调发展理念解决社会主要矛盾。中国特色社会主义进入新时代以来，最主要的问题是要解决好发展不平衡与不充分的矛盾，协调发展的理念不仅是对马克思主义整体观的运用与创新，也是化解社会矛盾的思想方法论。一方面，要推动三产融合发展，实现城乡基础设施等公共资源均等化配置，进一步巩固脱贫攻坚成效，加快乡村全面振兴的速度；另一方面，要在地域上实现一体化发展，加强不同地区高质量发展的同时推动地区之间产业的帮扶与转移，促进东西部、发达与欠发达地区的共同发展。此外，在发展高质量经济的同时，实现政治、文化、社会、生态文明等方面的协调发展。

以绿色发展理念建设美丽中国。党的十八大以来，党中央高度重视生态文明建设，强调实现高质量发展必然是绿色的发展，为此提出一系列举措。首先，加快产业绿色转型，提高资源利用效率，降低二氧化碳等排放量。其次，推动城乡形成绿色生产和生活方式。最后，将绿色发展理念贯穿于国土空间开发保护的全过程，并以制度形式倒逼生态系统的质量与稳定性，保护生物多样性。

以开放发展理念构建新发展格局。在世界经济发展的新格局下，中国应以更开放的姿态融入世界。在"引进来"方面，建设更高水平的开放经济新体制，深化"放管服"改革，探索更加自由便利的贸易与投资渠道。完善国内自由贸易试验区的建设布局，通过举办中国国际进口博览会等展会，进一步展现中国的综合国力与共享新机遇的真诚态度。同时，推动"一带一路"高质量发展，积极参与全球治理，巩固我国的国际影响力，构建国内外双循环的新发展格局，为"走出去"搭建好更广阔的平台。

以共享发展增进落实民生福祉。作为新发展理念的价值旨归，共享发展理念蕴含了"以人民为中心"的深刻内涵，最终目的是要满足广大人民群众对美好生活的向往，这是马克思主义政党的本质要求。要坚持社会主义初级阶段的分配制度，改善财富收入格局提高居民收入及稳定与扩大就业，保障劳动者相关权益，扩大公益帮扶与社会保障覆盖面的范围，建立健全社会协同育人机制，加快培养各类技术技能型人才，积极规划应对人口老龄化等措施，进一步促进社会公平正义。

新发展理念既是政治性要求，又是知识性、专业性要求，必须贯彻到领导工作的过程中。马克思在《关于费尔巴哈的提纲》中这样写道："哲学家们只是用不同的方式解释世界，而问题在于改变世界。"这句话深刻揭示了马克思主义最重要而珍贵的理论品质，即在于把自己放到社会实践中去，永远倡导理论与实践相结合，而不是关起门来当小家碧玉，成为被束之高阁的老古董。新发展理念作为马克思主义中国化时代化的最新理论成果，理应继承其宝贵精神，切实指导中国特色社会主义建设，在实践中检验自己、完善自己、发展自己；各级领导干部作为忠诚的马克思主义者，必须把新发展理念贯穿领导活动全过程，落实到决策、执行、检查各项工作中，努力提高统筹贯彻新发展理念能力和水平，不断开拓发展新境界。不能讲得头头是道，做起来轻轻飘飘，要让"新发展理念"在领导工作的实践中发光发热。

　　领导干部要把新发展理念贯穿到决策工作中。决策特别是重大决策，事关改革发展稳定大局。决策好与坏，重要的问题是决策的指挥棒是什么？也就是说引领决策的指导思想是什么？新发展理念为领导决策提供了行动指南和工作遵循。领导干部要把新发展理念贯穿到决策工作的各个环节，这样作出的决策才能符合新发展理念的要求，符合人民的根本利益。否则，作出不符合新发展理念的决策就会给党、国家和人民造成重大损失，对党和政府的公信力造成严重损害。领导干部要把新发展理念贯穿到决策工作中，就要在确定议题、研拟方案、协商协调、听取意见、论证评估、审议决定等决策的各个环节都贯穿新发展理念。事实证明，通过不符合新发展理念的决策取得的成绩是不可靠的，也是守不住的，终究要付出很大的代价。只有坚持以新发展理念为指导作决策，才能凝聚共识，规范发展行为，促进矛盾化解，保障人民利益。

　　领导干部要把新发展理念贯穿到执行工作中。新发展理念是好的发展理念，许多领导干部对此也不否认，但是就是在实际工作不执行或执行不力。在有些地方、部门和单位，中央有关新发展理念的一些方针政策和重大部署，口头上讲了、文件上也写了，而贯彻落实得却不好；一些中央三令五申、明令禁止的不符合新发展理念的事情，依然我行我素、屡禁不止。不重视执行、不善于执行的问题仍然存在。

　　要健全领导干部贯彻执行新发展理念的工作机制。特别是要健全人人负责、层层负责、环环相扣、科学合理、行之有效的工作责任制。有些地方、部门和单位存在工作推诿扯皮现象，与新发展理念的目标责任不明确、工作任务没细化有很大关系。要科学进行执行新发展理念的责任分解，把落实目标任务分解到部门、具体到项目、落实到岗位、量化到个人，以责任制促落实、以责任制保贯彻执行新发展理念的成效，形成一级抓一级、层层抓落实的工作局面。

领导干部要把新发展理念贯穿到检查工作中。只有加大监督检查力度，才能推动中央符合新发展理念的重大决策部署贯彻落实。把新发展理念贯穿到检查工作中，就要明确工作重点、盯住关键环节；就要督促地方和部门按照党中央要求谋划符合新发展理念要求的改革任务，既看方向准不准，又看任务实不实，是不是能够结合实际，真正解决问题；就要看思想工作有没有做深入，广大党员、干部特别是领导干部有没有从党和国家工作大局出发认识和理解新发展理念，是不是自觉站在全面建成社会主义现代化强国的全局高度正确看待新发展理念的实施，从而形成推进新发展理念的思想自觉和行动自觉。

# 第一章　关于社会主义现代化建设的最新判断

近代以后，在西方列强的入侵之下中国逐步成为半殖民地半封建社会。新中国成立后，以毛泽东同志为核心的党的第一代中央领导集体明确提出，"两步走"、到 20 世纪末实现"四个现代化"的宏伟目标。改革开放后，建设富强、民主、文明的社会主义现代化国家成为党在社会主义初级阶段的宏伟目标。党的十八大以来，习近平总书记反复强调，坚持和发展中国特色社会主义，总任务是实现社会主义现代化和中华民族伟大复兴。党的十九届五中全会提出，到 2035 年基本实现社会主义现代化远景目标，并将"四个全面"战略布局中的"全面建成小康社会"修改为"全面建设社会主义现代化国家",开启了全面建设社会主义现代化国家的新征程。党的二十大指出,从现在起,中国共产党的中心任务就是团结带领全国各族人民全面建成社会主义现代化强国、实现第二个百年奋斗目标,以中国式现代化全面推进中华民族伟大复兴。

# 一、历史定位:新发展阶段

"正确认识党和人民事业所处的历史方位和发展阶段,是我们党明确阶段性中心任务、制定路线方针政策的根本依据,也是我们党领导革命、建设、改革不断取得胜利的重要经验。"① 新发展阶段是我国社会主义发展进程中的一个重要阶段,明确了我国发展的历史方位。

## (一)新发展阶段是基于我国现实发展逐步提出的

新发展阶段是社会主义初级阶段中的一个阶段,同时是其中经过几十年积累、站到了新的起点上的一个阶段。新发展阶段是我们党带领人民迎来从站起来、富起来到强起来历史性跨越的新阶段。作出这一战略判断,有着深刻的历史和现实依据。

正确认识党和人民事业所处的历史方位和发展阶段,是我们党领导革命、建设、改革不断取得胜利的重要经验。中国共产党自1921年成立起就提出要从根本上改变我国的落后状态,尽快实现国家的现代化,必须首先组织人民变革旧的社会制度,推翻旧的国家政权,扫清中国实现现代化的社会制度障碍,建立人民民主政

---

① 习近平:《把握新发展阶段,贯彻新发展理念,构建新发展格局》,《求是》2021年第9期。

权，然后在新制度的基础上实现国家的现代化。新中国成立不久，我们党就把促进"农业和交通运输业的现代化""建立巩固的现代化国防"写入过渡时期总路线。1954 年，毛泽东同志提出："准备在几个五年计划之内，将我们现在这样一个经济上文化上落后的国家，建设成为一个工业化的具有高度现代文化程度的伟大的国家。"根据这一思想，周恩来同志在政府工作报告中首次提出"四个现代化"，1956 年党的八大把"四个现代化"写进了党章。1975年，周恩来在政府工作报告中，再次提出我国实现社会主义现代化的两步设想：第一步，在 1980 年以前，建成一个独立的比较完整的工业体系和国民经济体系；第二步，在 20 世纪内，全面实现农业、工业、国防和科学技术的现代化，使我国国民经济走在世界的前列。这一时期，中国逐步建立了独立的、比较完整的工业体系和国民经济体系，为现代化建设奠定了重要的物质基础。

## 【经典文献】
### 探索中国社会主义建设道路的开篇之作
#### ——《论十大关系》

《论十大关系》是 1956 年 4 月毛泽东同志在中央政治局扩大会议上的讲话。1976 年 12 月 26 日，在《人民日报》公开发表。《论十大关系》是探索中国社会主义建设道路的开篇之作。

这篇文献共十个部分。一是关于重工业和轻工业、农业的关系，毛泽东指出："重工业是我国建设的重点。必须优先发展生产资料的生产，这是已经定了的。但是决不可以因此忽视生活资料尤其是粮食的生产。""我们现在的问题，就是还要适当地调整重工业和农业、轻工业的投资比例，更多地发展农

**1976 年 12 月 26 日,《人民日报》发表《论十大关系》**

业、轻工业。"二是关于沿海工业和内地工业的关系,毛泽东认为,"沿海的工业基地必须充分利用,但是,为了平衡工业发展的布局,内地工业必须大力发展。""好好地利用和发展沿海的工业老底子,可以使我们更有力量来发展和支持内地工业。如果采取消极态度,就会妨碍内地工业的迅速发展。"三是关于经济建设和国防建设的关系,毛泽东说:"可靠的办法就是把军政费用降到一个适当的比例,增加经济建设费用。只有经济建设发展得更快了,国防建设才能够有更大的进步。"四是关于国家、生产单位和生产者个人的关系,毛泽东强调:"国家和工厂,国家和工人,工厂和工人,国家和合作社,国家和农民,合作社和农民,都必须兼顾,不能只顾一头。""把什么东西统统都集中在中央或省市,不给工厂一点权力,一点机动的余地，一点利益，恐怕不妥。"五是关于中央和地方的关系，毛泽东提出："应当在巩固中央统一领导的前提下，扩大一点地方的权力，给地方更多的独立性，让地方办更多的事情。"还提出，"中央要注意发挥省市的积极性，省市也要注意发挥地、县、区、乡的积极性，都不能够框得太死。"六是关于汉族和少数民族的关系，毛泽东指出："我们着重反对大汉族主义。地方民族主义也要反对，但是那一般地不是重点。""我们要诚心诚意地积极帮助少数民族发展经济建设和文化建设。"七是关于党和非党的关系，毛泽东说："究竟是一个党好，还是几个党好？现在看来，恐怕是几个党好。不但过去如此，而且将来也可以如此，就是长期共存，互相监督。"八是关于革命和反革命的关系，毛泽东指出，还有反革命，但是已经大为减少。今后社会上的镇反，"要少捉少杀"。机关、学校、部队里面清查反革命，"一个不杀，大部不捉"。"对一切反革命分子，都应当给以生活出路，使他们有自新的机会。"九是关于是非关系，毛泽东说，党内党外都要分清是非。"对于革命来说，总是多一点人好。"对于犯错误的同志，要帮助他们改正错误，"允许他们继续革命"。"'惩前毖后，治病救人'的方针，是团结全党的方针，我们必须坚持这个方针。"十是关于中国和外国的关系，毛泽东明确提出了"向外国学习"的口号。他指出："我们的方针是，一切民族、一切国家的长处都要学，政治、经济、科学、技术、文学、艺术的一切真正好的东西都要学。但是，必须有分析有批判地学，不能盲目地学，不能一切照抄，机械搬用。他们的短处、缺点，当然不要学。"

《论十大关系》以苏联的经验为鉴戒，总结了我国的经验，提出了调动一切积极因素为社会主义事业服务的基本方针，对适合我国情况的社会主义建设道路进行了初步的探索。

党的十一届三中全会后，我们党在科学把握国情的基础上，及时作出我国处于并将长期处于社会主义初级阶段的科学论断，提出社会主义现代化建设"三步走"战略，即第一步，1981 年到 1990 年实现国民生产总值比 1980 年翻一番，解决人民的温饱问题；第二步，1991 年到 20 世纪末国民生产总值再增长一倍，人民生活达到小康水平；第三步，到 21 世纪中叶人民生活比较富裕，基本实现现代化。进入 21 世纪，在人民生活总体达到小康水平之后，我们党又提出，到建党 100 周年时全面建成惠及十几亿人口的更高水平的小康社会，然后再奋斗 30 年，到新中国成立 100 年时，基本实现现代化，把我国建成社会主义现代化国家，从而开辟了改革开放和社会主义现代化建设的崭新局面。

党的十八大以来，我们在前人长期奋斗的基础上统筹推进"五位一体"总体布局、协调推进"四个全面"战略布局，推动党和国家事业取得历史性成就、发生历史性变革，推动中国特色社会主义进入了新时代。以习近平同志为核心的党中央深刻把握世界大势和发展规律，科学分析我国发展面临机遇和挑战的新变化，对实现第一个百年奋斗目标之后的 30 年又规划了"两步走"战略：第一步，奋斗 15 年到 2035 年，提前 15 年基本实现社会主义现代化；第二步，再奋斗 15 年到 2050 年，把我国建成富强民主文明和谐美丽的社会主义现代化强国，实现中华民族伟大复兴的伟大梦想。党的十九届五中全会提出，全面建成小康社会、实现第一个百年奋斗目标之后，我们要乘势而上开启全面建设社会主义现代化国家新征程、向第二个百年奋斗目标进军，这标志着我国进入了一个新发展阶段。党的二十大指出，从现在起，中国共产党的中心任务就是团结带领全国各族人民全面建成社会主义现代化强国、实现第二个百年奋斗目标，以中国式现代化全面推进中华民族伟大复兴。

新发展阶段是实现中华民族伟大复兴的关键阶段，是中华民族推进从站起来、富起来到强起来历史性跨越的新阶段。新发展阶段是我国社会主义发展进程中的一个重要阶段。社会主义初级阶段不是一个静态、一成不变、停滞不前的阶段，也不是一个自发、被动、不用费多大气力自然而然就可以跨过的阶段，而是一个动态、积极有为、始终洋溢着蓬勃生机活力的过程，是一个阶梯式递进、不断发展进步、日益接近质的飞跃的量的积累和发展变化的过程。在新发展阶段，我们集中力量全面建设社会主义现代化国家、基本实现社会主义现代化，既是社会主义初级阶段我国发展的要求，也是我国社会主义从初级阶段向更高阶段迈进的要求。

## （二）牢牢掌握新发展阶段的时代要求

新发展阶段之所以新，就在于更加注重高质量发展、更加注重共同富裕、更加注重人的全面发展、更加注重人与自然和谐共生、更加注重制度完善、更加注重为全球治理贡献中国智慧和中国方案的阶段，也是更加注重化危为机、逆势而进的阶段。改革开放以来，我国经济发展实现了历史性跨越。根据世界银行数据，2010年我国按现价计算的国内生产总值达到 6.1 万亿美元，超过日本的 5.7 万亿美元，成为世界第二大经济体。2011 年，我国 15—59 岁劳动年龄人口达到峰值，随后进入负增长。[1] 这标志着我国经济社

---

① 参见蔡昉：《科学把握新发展阶段》，《人民日报》2020 年 11 月 25 日。

会进入更加成熟的发展阶段。从经济发展长周期和全球政治经济大背景出发，习近平总书记作出我国经济发展进入新常态的重大战略判断。经济发展新常态的一个重要特征，就是由于人口红利减弱，传统增长动能下降导致潜在增长率降低，经济增长速度相应呈下行趋势。

面对经济发展新常态，以习近平同志为核心的党中央坚持和完善社会主义基本经济制度，充分发挥市场在资源配置中的决定性作用，更好发挥政府作用，全面贯彻新发展理念，坚持以供给侧结构性改革为主线，加快建设现代化经济体系，推动高质量发展，作出一系列改革和工作部署，使得我国没有发生系统性风险和增长速度的大起大落。与此同时，经济增长的共享性明显增强，城乡居民可支配收入与GDP实现了同步增长。

在此基础上，以习近平同志为核心的党中央作出我国进入新发展阶段的重大判断。在国内外环境深刻变化的情况下，我们需要更有针对性地、按照更高要求持续解决人民日益增长的美好生活需要和不平衡不充分的发展之间的矛盾，破解新发展阶段面临的经济发展挑战和制约，解决一系列影响高质量发展的结构性、周期性、体制性问题，培育强劲持续的发展新动能，不断实现人民对美好生活的向往。2019年，我国人均GDP达到10276美元，比中等偏上收入国家的平均水平（9040美元）高出13.7%，接近高收入国家分组的下限水平（12235美元）。① 2022年全年国内生产总值（GDP）1210207亿元，按不变价格计算，比上年增长3%。国民经济顶住压力持续发展，经济总量再上新台阶。从经济发展能力和条件看，我国经济有希望、有潜力保持长期平稳发展，到2035年实现经济总量或人均收入翻一番，是完全有可能的。在新发展阶段第一个五

① 参见蔡昉：《科学把握新发展阶段》，《人民日报》2020年11月25日。

年打下扎实基础，再经过两个五年的努力，在 2035 年如期基本实现社会主义现代化，人均 GDP 达到中等发达国家水平。

### （三）清醒认识新发展阶段面临的新机遇和新挑战

习近平总书记指出，进入新发展阶段，国内外环境的深刻变化既带来一系列新机遇，也带来一系列新挑战，是危机并存、危中有机、危可转机。我国发展仍然处于重要战略机遇期，但机遇和挑战都有新的发展变化。我们要以辩证思维看待新发展阶段的新机遇新挑战，准确认识和把握国内外大势，统筹中华民族伟大复兴战略全局和世界百年未有之大变局，落实好党中央的各项战略部署，保持经济长期稳定发展，着力推动高质量发展。

从国际看，世界百年未有之大变局加速演变，国际环境日趋错综复杂。一方面，和平与发展仍然是时代主题，新一轮科技革命和产业变革深入发展，国际力量对比深刻调整，人类命运共同体理念深入人心；另一方面，国际形势的不稳定性不确定性明显增加，经济全球化遭遇逆流，民粹主义、排外主义抬头，保护主义、单边主义、霸权主义对世界和平与发展构成威胁。从国内看，我国已转向高质量发展阶段，制度优势显著，治理效能提升，经济长期向好，物质基础雄厚，人力资源丰富，市场空间广阔，发展韧性强劲，社会大局稳定，继续发展具有多方面优势和条件。同时，我国也面临不少困难和挑战，发展不平衡不充分问题仍然突出，重点领域关键环节改革任务仍然艰巨，创新能力不适应高质量发展要求，农业基础还不稳固，城乡区域发展和收入分配差距较大，生态环保任重道远，民生保障存在短板，社会治理还有弱项。总之，在新发展阶段，既要看到我国发展总体态势是好的，完全有基础、有条件、有能力取得新的伟大成绩，也要看到当前诸多矛盾叠加、风险挑战显著增多，我国发展面临着前所未有的复杂环境。必须坚持正确的历史观、大局观、发展观，看清当前国际国内形势纷繁复杂现象下的本质，做到临危不乱、危中寻机、开拓进取、开辟新局，更好统筹中华民族伟大复兴战略全局和世界百年未有之大变局。

面对新形势新任务，我们要保持战略定力，办好自己的事，充分发挥超大规模市场优势，有效应对发展环境变化带来的挑战，更有针对性地把我国发展的各种潜力转化为经济发展的动力、活力和韧性。准确识变、科学应变、主动求变，必须继续用足用好改革这个关键一招，只有用足用好改革这个关键一招，才能避免被困难牵着鼻子走，在新发展阶段走出创新发展道路。

## 二、指导原则：新发展理念

理念是实践的先导，思想是行动的指南。习近平总书记强调，党的十八大以来我们对经济社会发展提出了许多重大理论和理念，其中新发展理念是最重要、最主要的。

### （一）深刻认识新发展理念的时代价值

新发展理念，科学回答了关于发展的目的、动力、方式、路径等一系列理论和实践问题，阐明了我们党关于发展的政治立场、价值导向、发展模式、发展道路等重大政治问题。实践充分证明，新发展理念具有很强的战略性、纲领性、引领性，是我国发展思路、发展方向、发展着力点的集中体现，是管全局、管根本、管长远的导向。完整准确理解贯彻新发展理念，必须从根本宗旨把握新发展理念，从问题导向把握新发展理念，从忧患意识把握新发展理念。

**【知识链接】**

### 新发展理念

新发展理念是习近平新时代中国特色社会主义思想的重要理念之一，也是实现中华民族伟大复兴的核心理念和指导原则。2015年10月29日，习近平总书记在党的十八届五中全会第二次全体会议上的讲话中提出了"创新、协调、绿色、开放、共享"的新发展理念。党的十八届五中全会通过的《中共中央关于制定国民经济和社会发展第十三个五年规划的建议》详细介绍了新发展理念。

2016年1月29日，习近平总书记在中央政治局第三十次集体学习时强调：新发展理念就是指挥棒、红绿灯。2018年3月11日，第十三届全国人民代表大会第一次会议通过《中华人民共和国宪法修正案》，在宪法序言的"自力更生，艰苦奋斗"前增写"贯彻新发展理念"。2021年1月28日，习近平总书记主持中央政治局集体学习时强调，完整准确全面贯彻新发展理念，确保"十四五"时期我国发展开好局起好步。2022年

3月5日，习近平总书记在参加十三届全国人大五次会议内蒙古代表团审议时指出，贯彻新发展理念是新时代我国发展壮大的必由之路。党的二十大报告明确指出："必须完整、准确、全面贯彻新发展理念，坚持社会主义市场经济改革方向，坚持高水平对外开放，加快构建以国内大循环为主体、国内国际双循环相互促进的新发展格局。"①

创新、协调、绿色、开放、共享的发展理念是一个整体，是一个系统的理论体系。其中创新是引领发展的第一动力，协调是持续健康发展的内在要求，绿色是永续发展的必要条件和人民对美好生活追求的重要体现，开放是国家繁荣发展的必由之路，共享是中国特色社会主义的本质要求。新发展理念之间相互贯通、密不可分。新发展理念深刻揭示了实现更高质量、更有效率、更加公平、更可持续、更为安全发展的必由之路，贯彻落实新发展理念是关系我国发展全局的一场深刻变革。

首先，新发展理念体现出全心全意为人民服务的根本宗旨。习近平总书记强调："人民是我们党执政的最深厚基础和最大底气。为人民谋幸福、为民族谋复兴，这既是我们党领导现代化建设的出发点和落脚点，也是新发展理念的'根'和'魂'。只有坚持以人民为中心的发展思想，坚持发展为了人民、发展依靠人民、发展成果由人民共享，才会有正确的发展观、现代化观。"② 这一重要论述从党的初心使命和根本宗旨出发，深刻阐述了我们党关于发

---

① 习近平：《高举中国特色社会主义伟大旗帜　为全面建设社会主义现代化国家而团结奋斗》，人民出版社2022年版，第28页。

② 习近平：《把握新发展阶段，贯彻新发展理念，构建新发展格局》，《求是》2021年第9期。

展的政治立场、价值导向，是把握新发展理念最核心、最重要、最关键的一条。人民的利益，有当前利益和长远利益，有眼前利益和根本利益。发展既要解决当前问题，也要着眼长远。新发展理念不仅立足当前，而且谋划长远。无论是构建创新的体制架构、促进区域协调发展、拓展发展空间、开创开放发展的新格局、增强发展动力、把握发展主动权，都要着眼于解决人民的生产生活中需要解决的问题，满足于人民日益增长的物质文化需要，增强人民的根本利益，真正体现人民是发展的主体，也是发展的最大受益者。实践证明，评价一个社会是否进步，并不是简单地看生产力是否得到推动，而是要看人民群众的物质和文化生活在这个过程中是否得到发展和进步。也就是说，在马克思主义经典作家看来，人民不仅是历史的创造者，而且是社会发展的决定者，群众的物质和文化生活是理解一切社会发展活动的关键词。

其次，新发展理念体现出鲜明的问题导向。习近平总书记指出："我国发展已经站在新的历史起点上，要根据新发展阶段的新要求，坚持问题导向，更加精准地贯彻新发展理念，解决好发展不平衡不充分的问题，推动高质量发展。"① 当前我国社会的主要矛盾是人民日益增长的美好生活需要和不平衡不充分的发展之间的矛盾。人民群众对美好生活的需要，就是我们发展的目标，也是经济发展的动力。对美好生活的需要遇到了发展不平衡不充分的状况，这就是主要问题所在。所谓发展不平衡不充分，就是发展了但是不到位，表现在多个方面。例如低端产能过剩，高端需求不足；受某些国家推行单边主义、霸权主义影响，暴露出产业链、供应链方面存在的短板和弱项；我国国内生产总值进一步做大，但技术含量有

---

① 习近平：《把握新发展阶段，贯彻新发展理念，构建新发展格局》，《求是》2021 年第 9 期。

待提高，社会财富分配不均问题凸显；总体经济在不断发展，但城乡、区域、行业之间的差距有所拉大；长期依赖于传统比较优势和后发优势，创新能力跟不上发展的需要；扩张性政策下的经济增长潜藏着泡沫，等等。① 只有很好解决这些问题，才能切实贯彻新发展理念。

再次，新发展理念体现出强烈的忧患意识。中国共产党在内忧外患中诞生，在磨难挫折中成长，在应对挑战中壮大，始终怀有强烈的忧患意识。习近平总书记指出：随着我国社会主要矛盾变化和国际力量对比深刻调整，必须增强忧患意识、坚持底线思维，随时准备应对更加复杂困难的局面。要坚持政治安全、人民安全、国家利益至上有机统一，既要敢于斗争，也要善于斗争，全面做强自己。这就要求我们，必须对我国社会主要矛盾的变化有清醒而深刻的认识。小康社会全面建成后，人民美好生活需要日益广泛，不仅对物质文化生活提出了更高要求，而且在民主、法治、公平、正义、安全、环境等方面的要求日益增长。同时，我国社会生产力水平总体上显著提高，社会生产能力在很多方面进入世界前列，更加突出的问题是发展不平衡不充分，这已经成为满足人民日益增长的美好生活需要的主要制约因素。我国社会主要矛盾变化是关系中国特色社会主义建设全局的历史性变化，这一变化要求我们必须在继续推动发展的基础上着力解决好发展的不平衡不充分问题，更好满足人民在经济、政治、文化、社会、生态文明等方面日益增长的需要。我们正处于世界百年未有之大变局的关键时刻，必须对各种不确定性有应对的思路和能力。具体到经济领域，强调通过改革开放提高驾驭社会主义市场经济的能

① 参见李义平：《把握新发展理念的三个维度》，《光明日报》2021年3月9日。

力，积极主动地应对各种"灰犀牛""黑天鹅"事件，推动经济社会持续健康发展。

### （二）坚定不移贯彻新发展理念

发展理念是否对头，从根本上决定着发展成效乃至成败。推动经济社会发展，必须把新发展理念贯穿发展全过程和各领域，实现更高质量、更有效率、更加公平、更可持续、更为安全的发展。

要大力推动创新发展，更加注重创新型国家建设。新发展理念的核心在创新。抓住了创新，就抓住了牵动经济社会发展全局的"牛鼻子"。虽然我国经济总量稳居世界第二位，但大而不强、臃肿虚胖体弱问题相当突出，主要体现在创新能力不强，这是我国这个经济大块头的"阿喀琉斯之踵"。通过创新引领和驱动发展已经成为我国发展的迫切要求。正如习近平总书记反复强调的，抓创新就是抓发展，谋创新就是谋未来。要坚持创新在我国现代化建设全局中的核心地位，把科技自立自强作为国家发展的战略支撑，面向世界科技前沿、面向经济主战场、面向国家重大需求、面向人民生命健康，强化国家战略科技力量。统筹推进补齐短板和锻造长板，针对产业薄弱环节，实施好关键核心技术攻关工程，尽快解决一批"卡脖子"问题。加快推进国家实验室建设，布局建设综合性国家科学中心和区域性创新高地。强化企业创新主体地位，推进产学研深度融合，发挥企业家在技术创新中的重要作用，推动产业链上中下游、大中小企业融通创新。加快发展数字经济，培育发展新动能。完善科技创新体制机制，激发人才创新活力，壮大高水平工程师和高技能人才队伍，弘扬科学精神和工匠精神，营造崇尚创新的社会氛围。

**【学习金句】**

2015 年 10 月 29 日，习近平总书记在党的十八届五中全会第二次全体会议上的讲话中指出：我国创新能力不强，科技发展水平总体不高，科技对经济社会发展的支撑能力不足，科技对经济增长的贡献率远低于发达国家水平，这是我国这个经济大个头的"阿喀琉斯之踵"。

阿喀琉斯是荷马史诗《伊利亚特》中的英雄，他参与了特洛伊战争，被称为"希腊第一勇士"。据说，在阿喀琉斯出生时有人预言，他最后会被特洛伊人的箭射死。为了把宝贝儿子炼成"金钟罩"，他母亲倒提一只脚把他浸入冥河，使他周身刀箭不入，唯有被手提着的脚后跟没有浸到河水，成为他唯一致命之处。后来，阿喀琉斯在一场战斗中被敌人一箭射中脚踝而死。这就是"阿喀琉斯之踵"的来历。因此，"阿喀琉斯之踵"被用来形容强大事物的致命死穴或软肋。

习近平总书记用这样的比喻告诉我们，创新对于中国经济来说有多重要，创新又是中国经济多么明显的"短板"。因此，党的十八届五中全会确立的新发展理念，"创新"排在了第一位。习近平总书记这几年反复强调，在新一轮全球增长面前，唯改革者进，唯创新者强，唯改革创新者胜。科技创新的方向就是创新创新再创新。

创新是一个民族进步的灵魂，是一个国家兴旺发达的不竭动力。新一轮科技革命带来的是更加激烈的科技竞争，如果科技创新搞不上去，发展动力就不可能实现转换，我们在全球经济竞争中就会处于下风。为此，我们必须把创新作为引领发展的第一动力，把人才作为支撑发展的第一资源，把创新摆在国家发展全局的核心位置，不断推进理论创新、制度创新、科技创新、文化创新等各方面创新，让创新贯穿党和国家一切工作，让创新在全社会蔚然成风，只有这样"阿喀琉斯之踵"才不会成为中国经济发展的软肋。

要大力推动协调发展，更加注重缩小城乡区域发展差距。下好发展的全国一盘棋，协调发展是制胜要诀。要在协调发展中拓展发展空间，在加强薄弱领域中增强发展后劲。坚持农业农村优先发展，全面实施乡村振兴战略，推动农村一、二、三产业深度融合，推进农村基础设施和公共服务提档升级，全面深化农村改革。推进以人为核心的新型城镇化，加强城镇老旧小区改造和社区建设，提升城市治理水平，增强县城综合承载力。深化户籍制度改革，加快推动农业转移人口市民化。坚持实施区域重大战略、区域协调发展战略、主体功能区战略，健全区域协调发展体制机制，更好促进发达地区和欠发达地区、东中西部和东北地区共同发展。

【经典案例】

### 雄安新区——协调发展示范区

党的十八大以来，以习近平同志为核心的党中央高瞻远瞩、深谋远虑，着眼党和国家发展全局，深入推进京津冀协同发展战略，以规划建设河北雄安新区为重要突破口，探索人口经济密集地区优化开发的新模式，谋求区域发展的新路子，打造经济社会发展新的增长极。

雄安新区规划范围涉及河北省雄县、容城、安新3县及周边部分区域，地处北京、天津、保定腹地。设立雄安新区，是以习近平同志为核心的党中央深入推进京津冀协同发展作出的一项重大决策部署，是千年大计、国家大事。对于集中疏解北

**雄安新区基本概况**

京非首都功能，探索人口经济密集地区优化开发新模式，调整优化京津冀城市布局和空间结构，培育创新驱动发展新引擎，具有重大现实意义和深远历史意义。对于京津冀三省市而言，这是解决一城一地区生产方式转变、经济结构转型，实现新发展理念指导下发展内涵和精神重塑的历史性机遇；对于京津冀协同发展而言，这是解决大城市病、优化城市布局和空间结构的新动能、新引擎，是开创以北京为核心的世界级城市群的重要举措；对于新时代中国区域协调发展而言，这是改变经济重心"北轻南重"格局，实现中国经济布局均衡发展的重要契机，是打造落实新发展理念的创新发展示范区的战略部署；对于世界城市发展未来而言，充分借鉴国际先进成果经验，融入民族优秀文化和新发展理念后的雄安，将通过创新实践世界城市建设新模式，为 21 世纪的人类城市文明贡献中国智慧和中国方案。

正如习近平总书记所强调，雄安新区的规划建设，是新时代中国共产党人留给子孙后代的历史遗产，要能够经得起千年历史检验，必须坚持"世界眼光、国际标准、中国特色、高点定位"的理念，努力打造贯彻新发展理念的创新发展示范区。

要大力推动绿色发展，更加注重人与自然和谐共生。生态文明建设是关系中华民族永续发展的根本大计。要坚持绿水青山就是金山银山理念，增强全社会生态环保意识，切实防范化解生态安全风险。发展绿色金融，支持绿色技术创新，推动重点行业和重点领域绿色化改造。完善能源消费总量和强度双控制度，扎实开展碳达峰、碳中和相关工作，加快建设全国用能权、碳排放权交易市场。推进水电、风电、光伏发电等可再生能源及氢能等清洁能源发展，提高清洁能源消费占比。大力发展循环经济，推行垃圾分类和减量化、资源化，加快构建废旧物资循环利用体系。

## 【案例】

### 安吉县的绿色崛起路

安吉县隶属浙江省湖州市，素有"中国第一竹乡、中国白茶之乡、中国椅业之乡"之称，是习近平总书记"绿水青山就是金山银山"理念诞生地、中国美丽乡村发源地和绿色发展先行地。安吉的转型发展为城乡居民找到了一条实现富与美相结合的新路子。

### 一、痛定思痛、转型发展

浙江多山，安吉尤甚。这个躲在浙西北群山里的山区县，除了山，就是山，人均不足 7 分耕地。在"以粮为纲"的年代，没有地，就没有一切。所以，长期以来，安吉一直戴着"穷帽子"。改革开放后，急于丢掉"穷帽子"的安吉，把目光转向了工业，一时间，"村村点火、户户冒烟"。财政确实是上去了，可代价是青山被毁坏，河流被污染。1998 年，国务院发出黄牌警告：安吉被列为太湖水污染治理重点区域！痛定思痛，安吉县深知粗放发展老路不能再走了，于是通过了"生态立县"的新战略。毅然关闭了 33 家污染企业，包括占全县 1/3 税源的孝丰造纸厂制浆生产线。243 家矿山企业只剩下达标的 17 家。安吉的努力，得到时任浙江省委书记习近平同志的重视，2005 年 8 月 15 日，他冒着酷暑来到天荒坪镇余村调研，走村串户掌握了第一手资料后，高兴地说，下决心停掉一些矿山，这是高明之举。熊掌和鱼不可兼得的时候，要知道放弃，一定不要再去迷恋过去那种发展模式，其实绿水青山就是金山银山。

此后，安吉历届党委、政府始终坚持将"生态立县"一张蓝图绘到底。在治污的同时，从 2003 年开始，安吉全面推进"美丽乡村"建设——因地制宜开展村庄环境综合整治，如今全县森林覆盖率、林木绿化率均保持在 70% 以上，空气质量优良率保持在 85% 以上，地表水、饮用水、出境水达标率均为 100%，被誉为气净、水净、土净的"三净之地"，获评全国首个生态县、联合国人居奖首个获得县、国家首批全域旅游示范区。

## 二、改革创新、绿色崛起

安吉县坚持改革引领，创新"两山"实践。安吉县践行"两山"理念推进美丽乡村建设做法，经中央深改委会议审议入选全国十大改革案例。2019年6月，新时代浙江（安吉）县域践行"两山"理念综合改革创新试验区总体方案经省委深改委会议审议通过并正式实施。加快高质量赶超发展，初步形成了具有地方特色的"1+2+3"生态产业体系，"1"即健康休闲一大优势产业，"2"即绿色家居、高端装备制造两大主导产业，"3"即信息经济、通用航空、现代物流三大新兴产业，三次产业比为5.9：45.1：49。目前，全县有主板上市企业5家、新三板挂牌企业14家，白茶产业品牌价值达40.92亿元，椅业产业占国内市场1/3、出口市场1/2，竹产业以全国1.8%的立竹量创造了全国10%的竹业产值，集民宿、高端旅游综合体、特色小镇于一体的全域旅游全面兴起。

## 三、城乡融合、社会和谐

加快"美丽乡村、美丽乡镇、美丽县城"三美共进，全力建设中国最美县域。美丽乡村创建实现全覆盖，建成精品示范村55个、乡村经营示范村15个、善治示范村34个、精品观光带4条，建成区面积达37.6平方公里。由安吉县为第一起草单位的《美丽乡村建设指南》经国家标准委员会于2015年6月发布施行，成为美丽乡村建设国家标准。

要大力推动开放发展，更加注重打造国际合作和竞争新优势。开放是当代中国的鲜明标识，中国对外开放的大门只会越开越大。

要统筹中华民族伟大复兴战略全局和世界百年未有之大变局，立足国内，放眼世界，奉行互利共赢的开放战略，推动构建新型国际关系和人类命运共同体。建设更高水平开放型经济新体制，以扩大开放带动创新、推动改革、促进发展。推动共建"一带一路"高质量发展，深入推进与重点共建国家、国际组织合作，加强中欧班列通道能力等建设。加快推动规则、规制、管理、标准等制度型开放，完善外资准入前国民待遇加负面清单管理制度，有序扩大服务业对外开放。推动贸易和投资自由化便利化，推进贸易创新发展，增强对外贸易综合竞争力。坚持多边主义，推动完善更加公平合理的全球经济治理体系。

## 【案例】

### 中欧班列让中国开放之路越走越宽

中欧班列是依托亚欧大陆桥，按照固定车次、线路、班期和全程运行时刻开行，运行于中国与欧洲以及"一带一路"合作伙伴间的集装箱等铁路国际联运列车，是深化我国与共建国家经贸合作的重要载体和推进"一带一路"建设的重要抓手。

2011年3月19日，在国家区域政策和企业服务中欧贸易现实需求的叠加效应下，重庆率先开行了直达欧洲地区的班列。2013年，习近平总书记提出"一带一路"倡议后，全国各地的中欧班列开始快速发展。10年来，中欧班列累计开行7.7万列，运送货物731万标箱，货值超过3400亿美元，成为国际经贸合作的重要桥梁。

中欧班列这一"钢铁驼队"正成为中国与"一带一路"相关国家政策沟通、设施联通、贸易畅通、资金融通、民心相通的重要桥梁。特别是在新冠疫情期间，在海运、空运受阻的情况下，中欧班列的战略通道作用日益凸显，防疫物资和电商邮包已成为中欧班列的重要货源，为中国以及国际疫情防控、贸易链供应链安全稳定作出了积极贡献。

漫漫黄沙，驼铃声声，诉说着千年古道昨日之寂寥；铁龙奔驰，汽笛长鸣，诵唱着丝绸之路如今的繁华。中国改革的脚步不会停滞，世界将继续看到改革开放的中国在快速前行。中欧班列也必将让中国开放之路越走越宽。


要大力推动共享发展，更加注重扎实推进共同富裕。增进民生福祉是发展的根本目的。要坚持共商共建共享，作出更有效的制度安排，推动全体人民共同富裕取得更为明显的实质性进展。完善工资制度，健全工资合理增长机制，着力提高低收入群体收入，扩大中等收入群体。千方百计稳定和扩大就业，强化对高校毕业生、农民工等重点群体就业帮扶，加强返乡入乡创业园（基地）建设。健全覆盖全民、统筹城乡、公平统一、可持续的多层次社会保障体系。加快实施棚户区改造等保障性安居工程。加强重要民生商品市场保供稳价，全力保障困难群众基本生活。着力补齐教育培训、养老育幼、医疗卫生、文化旅游、体育健身等民生领域短板，不断提升居民生活品质。


【案例】
**加强社会组织培育孵化体系　打造共建共治共享治理格局**
——北京市加强全市社会组织培育孵化体系协同机制建设
社会组织在打造共建共治共享治理格局中具有十分重要的作用。2019 年，北京市民政局出台《关于社会组织培育孵化体系建设的指导意见》。提出要建立市、区、街道（乡镇）协同机制，通过信息化平台把全市社会组织资源整合调动起来，打破层级和行业界限，形成系统科学的管理体系，实现全市各级各类社会组织培育孵化机构上下联动、横向联合、一体化发展。

利用北京市社会组织资源配置平台统一服务体系。将社会组织的资源和需求聚集到资源配置平台上进行统一配置，以满足各类社会组织的需求。同时，提供网上资源交换支持、信用查询、第三方公证等服务。各级各类培育孵化机构要参与平台运营管理，按照社会组织需求，组成服务资源联合体提供线下对接服务，形成全市统一的公益市场化服务体系。

建立联席会议制度，形成培育孵化治理体系。建立市、区、街道（乡镇）培育孵化机构联席会议制度，建立政策规范、信息发布、服务流程、管理标准等工作机制和制度规范，形成全市统一的社会组织培育孵化治理体系。

建立相互转介服务机制，提升精准服务能力。根据不同社会组织的专业性服务需求，可由首接服务机构推荐到相应层级、最适合的培育孵化机构，以提升服务的精准性和资源对接的有效性。

加强行政指导和契约化管理，促进协同发展。对于上下统一的服务项目，要加强上一级对下一级的指导和管理，确保培育孵化工作的规范性和统一性；全市社会组织培育孵化机构之间，可通过契约化方式形成合作协同共同体，打破层级界限，实现合作共赢，协同发展。

习近平总书记强调，完整准确全面贯彻新发展理念，是经济社会发展的工作要求，也是十分重要的政治要求。越是形势复杂、任务艰巨，越要坚持党的全面领导和党中央集中统一领导，越要把党中央关于贯彻新发展理念的要求落实到工作中去。只有站在政治的高度，对党中央的大政方针和决策部署才能领会更透彻，工作起来才能更有预见性和主动性。各级领导干部特别是高级干部要不断提高政治判断力、政治领悟力、政治执行力，对"国之大者"了然于胸，把贯彻党中央精神体现到谋划重大战略、制定重大政策、部署重大任务、推进重大工作的实践中去，经常对表对标，及时校准偏差。

## 三、路径选择：构建新发展格局

加快形成新发展格局，是以习近平同志为核心的党中央根据我国发展阶段、环境、条件变化，审时度势作出的重大决策。构建新发展格局是事关全局的系统性、深层次变革，是立足当前、着眼长远的战略谋划，"这是把握未来发展主动权的战略性布局和先手棋，是新发展阶段要着力推动完成的重大历史任务，也是贯彻新发展理念的重大举措"。[①]

### （一）加快构建新发展格局是时代所需

当今世界正经历百年未有之大变局，我国发展仍然处于重要战略机遇期，但机遇和挑战都有新的发展变化。我们遇到的诸多问题是中长期的，不少问题以前未曾经历，需要从战略角度深化认识和有效应对。从某种意义上说，化解挑战就是机遇。加快构建新发展

---

① 习近平：《把握新发展阶段，贯彻新发展理念，构建新发展格局》，《求是》2021 年第 9 期。

格局，是以习近平同志为核心的党中央根据我国新发展阶段、新历史任务、新环境条件作出的重大战略决策，是习近平经济思想的又一重大理论成果。

构建新发展格局是适应我国经济发展阶段新变化、新要求的主动战略选择。党中央提出构建新发展格局，是对我国客观经济规律和发展趋势的正确把握，是掌握发展主动权的先手棋，是有深厚的实践基础的。经济发展是螺旋式上升的过程，也是分阶段的。不同阶段对应不同的需求结构、产业结构、技术体系和关联方式，要求发展方式与时俱进。改革开放以后相当时间内，我国人均收入水平较低，我们发挥劳动力等要素低成本优势，抓住经济全球化的重要机遇，充分利用国际分工机会，形成市场和资源"两头在外"发展模式，参与国际经济大循环，推动了经济高速增长，人民生活从温饱不足到全面小康。"经过长期努力，我国人均国内生产总值超过 1 万美元，需求结构和生产函数发生重大变化，生产体系内部循环不畅和供求脱节现象显现，'卡脖子'问题突出，结构转换复杂性上升。解决这一矛盾，要求发展转向更多依靠创新驱动，不断提高供给质量和水平，推动高质量发展。"[1] 这是大国经济发展的关口，我们要主动适应变化，努力攻坚克难，加快构建新发展格局。

构建新发展格局是有效应对错综复杂的国际环境变化的重大战略举措。21 世纪以来，新一轮科技革命和产业变革加速发展，世界贸易和产业分工格局发生重大调整，国际力量对比呈现趋势性变迁。近年来，西方主要国家民粹主义盛行、贸易保护主义抬头，经济全球化遭遇逆流。特别是新冠疫情暴发后逆全球化趋势更加明显，全球产业链、供应链面临重大冲击，风险加大。为此，未来发

---

[1] 本书编写组：《党的十九届五中全会〈建议〉学习辅导百问》，党建读物出版社 2020 年版，第 45 页。

达国家可能会动用巨大的政府补贴支持制造业回归本国，意味着由西方发达国家跨国企业主导的经济全球化模式将加速走向萎缩或蜕化。面对外部环境变化带来的新矛盾新挑战，必须顺势而为调整经济发展路径，在努力打通国际循环的同时，进一步畅通国内大循环，提升经济发展的自主性、可持续性，增强韧性，保持我国经济平稳健康发展。

构建新发展格局是发挥我国超大规模经济体优势的内在要求。大国经济的重要特征，就是必须实现内部可循环，并且提供巨大的国内市场和供给能力，支撑并带动外循环。

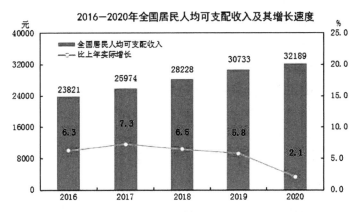

**2016—2020年我国国内生产总值及全国居民人均**
**可支配收入及其增长速度情况（图片来源：国家统计局网）**

经过改革开放以来 40 多年发展，我国经济快速成长，国内大循环的条件和基础日益完善。从需求方面看，我国已经形成拥有 14 亿人口、4 亿多中等收入群体的全球最大最有潜力市场，随着向高收入国家行列迈进，规模巨大的国内市场不断扩张。从供给方面看，我国储蓄率仍然较高，拥有全球最完整、规模最大的工业体系和完善的配套能力，拥有 1.6 亿户市场主体和 1.7 亿多受过高等教育或拥有各种专业技能的人才，研发能力不断提升。国家统计局 2023 年 1 月 17 日发布数据表示，初步核算，2022 年全年国内生产总值（GDP）1210207 亿元，按不变价格计算，比上年增长 3%。国民经济顶住压力持续发展，经济总量再上新台阶。统计数据显示，按年均汇率计算，120 万亿元折合美元约 18 万亿美元，稳居世界第二位。2022 年我国人均 GDP 达到 85698 元，比上年实际增长 3%，按年平均汇率折算，达到 12741 美元，连续两年保持在 1.2 万美元以上。

从供求双方看，我们具备实现内部大循环、促进内外双循环的诸多条件，必须利用好大国经济纵深广阔的优势，使规模效应和集聚效应充分发挥。市场是全球最稀缺的资源，构建新发展格局和扩大内需，可以释放巨大而持久的动能，推动全球经济稳步复苏和增长。

### （二）准确把握构建新发展格局的科学内涵

新发展格局体现了新时代社会化大生产条件下分工协作关系的内在机理，体现了中国特色社会主义政治经济学的方法论。构建以国内大循环为主体、国内国际双循环相互促进的新发展格局，充分彰显了中国特色社会主义道路自信、理论自信、制度自信、文化自信。新发展格局理论是马克思主义基本理论和中国具体实际相结合的产物，是二十一世纪马克思主义的重要内容。

从供给和需求的关系看，要坚持深化供给侧结构性改革这条主线。当前和今后一个时期，我国经济运行面临的主要矛盾仍然在供给侧，供给结构不能适应需求结构变化，产品和服务的品种、质量难以满足多层次、多样化市场需求。必须坚持深化供给侧结构性改革，提高供给体系对国内需求的满足能力，以创新驱动、高质量供给引领和创造新需求。在坚持以供给侧结构性改革为主线的过程中，要高度重视需求侧管理，坚持扩大内需这个战略基点，始终把实施扩大内需战略同深化供给侧结构性改革有机结合起来。

从国内大循环与国内国际双循环的关系看，国内循环是基础，两者是统一体。国际市场是国内市场的延伸，国内大循环为国内国际双循环提供坚实基础。发挥我国超大规模市场优势，将为世界各国提供更加广阔的市场机会，依托国内大循环吸引全球商品和资源要素，打造我国新的国际合作和竞争优势。国内大循环绝不是自我封闭、自给自足，也不是各地区的小循环，更不可能什么都自己做，放弃国际分工与合作。要坚持开放合作的双循环，通过强化开放合作，更加紧密地同世界经济联系互动，提升国内大循环的效率和水平。可以说，推动双循环必须坚持实施更大范围、更宽领域、更深层次对外开放。

从深化改革和推动发展的关系看，构建新发展格局必须全面深化改革。构建新发展格局是发展问题，但本质上是改革问题。我们必须运用改革思维和改革办法，形成充满活力的市场主体，建立有效的激励机制，营造鼓励创新的制度环境，扫除阻碍国内大循环和国内国际双循环畅通的制度、观念和利益羁绊，破除妨碍生产要素市场化配置和商品服务流通的体制机制障碍，形成高效规范、公平竞争、充分开放的国内统一大市场，形成高标准的市场化、法治化、国际化营商环境，降低全社会交易成本，构建高水平社会主义市场经济体制，实现社会生产力大发展。

**【学习金句】**

2021年1月11日，习近平总书记在省部级主要领导干部学习贯彻党的十九届五中全会精神专题研讨班上的讲话中强调，在实践中，我们要注意防范一些认识误区：一是只讲前半句，片面强调"以国内大循环为主"，主张在对外开放上进行大幅度收缩；二是只讲后半句，片面强调"国内国际双循环"，不顾国际格局和形势变化，固守"两头在外、大进大出"的旧思路；三是各自为政、画地为牢，不关心建设全国统一的大市场、畅通全国大循环，只考虑建设本地区本区域小市场、搞自己的小循环；四是认为畅通经济循环就是畅通物流，搞低层次物流循环；五是一讲解决"卡脖子"技术难题，什么都自己干、搞重复建设，专盯"高大上"项目，不顾客观实际和产业基础，结果成了烂尾项目；六是讲扩大内需、形成国内大市场，又开始搞盲目借贷扩大投资、过度刺激消费，甚至又去大搞高能耗、高排放的项目；七是不重视供给侧结构性改革，只注重需求侧管理，无法形成供给创造需求的更高水平动态平衡；八是认为这只是经济科技部门的事，同自己部门关系不大；等等。这些认识都是片面的甚至是错误的，必须加以防范和纠正。

特别是要清醒地认识到，新发展格局不是一些人所说的"闭关锁国"。改革开放是我国经济社会发展取得巨大成就的重要法宝，更是实现中华民族伟大复兴的关键一招。在新形势下，我国要进一步敞开大门，实行高水平对外开放。长期以来，我国有些产业依赖于外需的重要原因在于，这些产业被长期锁定在产业链低端环节，只能依靠大规模出口低附加值产品来获得微薄利润。现阶段，强调以国内大循环为主体，就是要改变这种状况，实现供需平衡，其实质就是要优化生产要素配置，打造现代产业体系，实现产业结构调整和升级，以高水平对外开放打造国际合作和竞争新优势。我们不追求一枝独秀，不搞你输我赢，也不会关起门来封闭运行，将逐步形成以国内大循环为主体、国内国际双循环相互促进的新发展格局，为中国经济发展开辟空间，为世界经济复苏和增长增添动力。国内大循环绝不是自我封闭、自给自足，也不是各地区的小循环，更不可能什么都自己做，放弃国际分工与合作。要坚持开放合作的双循环，通过强化开放合作，更加紧密地同世界经济联系互动，提升国内大循环的效率和水平。同时，新发展格局适应经济发展阶段变化的长期战略。从长期来看，以国内大循环为主体，贯彻新发展理念，是实现经济高质量发展的重要手段。进入新发展阶段，科技创新和制度优化将越来越成为经济增长的重要动力；生态环境将持续改善，经济发展不再以牺牲资源环境为代价，节能环保产业成为支柱型产业之一，绿色消费成为内需市场的重要组成部分。同时，还会通过深化收入分配制度改革，推动形成合理有序的收入分配格局，让改革发展成果更多更公平地惠及全体人民，为保持经济长期稳定发展夯实重要基础。

## （三）全面落实构建新发展格局决策部署

构建新发展格局需要付出长期艰苦的努力，需要各地区各部门真正把思想和行动统一到党中央决策部署上来，找准自己在国内大循环和国内国际双循环中的位置和比较优势，提高贯彻新发展理念、构建新发展格局的能力，制定具体的规划、政策和措施，使新发展格局变为现实、落到实处。

推动科技创新在畅通循环中发挥关键作用。加快科技自立自强是畅通国内大循环、塑造我国在国际大循环中主动地位的关键。要强化国家战略科技力量，发扬科学家精神，鼓励大胆探索和合理质疑，加强基础研究、注重原始创新。要坚持问题导向，面向国民经济和社会发展重大问题，加强应用研究。要强化企业创新主体地位，集中力量打好关键核心技术攻坚战，锻造产业链供应链长板，补齐产业链供应链短板。要发挥我国市场优势，促进新技术产业化规模化应用，发展先进适用技术，实现技术沿着从可用到好用的路径发展。创新驱动最终取决于人才和教育。要充分激发人才创新活力，全方位培养、引进、用好人才，造就更多国际一流的科技领军人才和创新团队，培养具有国际竞争力的青年科技人才后备军。要建设高质量教育体系，推动全社会加大人力资本投入，加强基础研究人才培养，加强创新型、应用型、技能型人才培养。要加强国际科技交流与合作，在开放条件下促进科技能力提升。

【特别关注】
## 聚焦基础研究　引领未来发展

习近平总书记强调，基础研究是科技创新的源头，要持之以恒加强基础研究。2020 年 5 月 11 日，科技部官网公布《新形势下加强基础研究若干重点举措》。文件由科技部、财政部、教育部、中科院、工程院、自然科学基金委共同制定。文件共 5 大方面，10 条内容，为进一步加强基础研究指明了方向。

## 一、优化基础研究总体布局

1. 加强基础研究统筹布局。坚持基础研究整体性思维，把握基础研究与应用研究日趋一体化的发展趋势，注重解决实际问题，以应用研究带动基础研究，加强重大科学目标导向、应用目标导向的基础研究项目部署，重点解决产业发展和生产实践中的共性基础问题，为国家重大技术创新提供支撑。强化目标导向，支持自由探索，突出原始创新，强化战略性前瞻性基础研究，鼓励提出新思想、新理论、新方法。制定基础研究2021—2035 年的总体规划。

2. 完善国家科技计划体系。充分发挥国家自然科学基金的作用，资助基础研究和科学前沿探索，支持人才和团队建设，加强面向国家需求的项目部署力度，提升国家自然科学基金支撑经济社会发展的能力。面向国际科学前沿和国家重大战略需求，突出战略性、前瞻性和颠覆性，优化国家科技重大专项、国家重点研发计划、基地和人才计划中基础研究支持体系，强化对目标导向基础研究的系统部署和统筹实施。

## 二、激发创新主体活力

3. 切实把尊重科研人员的科研活动主体地位落到实处。完善适应基础研究特点和规律的经费管理制度，坚持以人为本，增加对"人"的支持。重点围绕优秀人才团队配置科技资源，推动科学家、数学家、工程师在一起共同开展研究。落实科研人员在立项选题、经费使用以及资源配置的自主权，释放人才创新创造活力。切实保障科研人员工作和生活条件，强化对承担基础研究国家重大任务的人才和团队的激励，落实以增加知识价值为导向的分配政策，探索实行年薪制和学术休假制度，对科研骨干在内部绩效工资分配时予以倾斜。加快推进经费使用"包干制"的落实落地。认真落实《关于优化科研管理提升科研绩效若干措施的通知》，安排好纯理论基础研究、对试验设备依赖程度低和实验材料耗费少的基础研究项目间接费用。

4. 支持企业和新型研发机构加强基础研究。引导企业面向长远发展和竞争力提升前瞻部署基础研究。扫除高校、科研院所和企业间人才流动的制度障碍。支持企业承担国家科研项目。支持新型研发机构制度创新，在科研模式、评价体系、人才引进、职称评定、内控制度等方面积极探索，先行先试。支持新型研发机构建设创新平台、承担国家科研任务。推动产学研协作融通，形成基础研究、应用研究和技术创新贯通发展的科技创新生态。

**三、深化项目管理改革**

5. 改革项目形成机制。健全基础研究任务征集机制，组织行业部门、企业、战略研究机构、科学家等共同研判科学前沿和战略发展方向，多方凝练经济社会发展和生产一线的重大科学问题。提高指南开放性，简化指南内容，不限定具体技术路线，对原创性强的研究探索以指向代替指南。合理把握项目规模，避免拼凑和打包，保证竞争性和参与度。推行评审专家责任机制，强化"小同行"评审，应用目标导向类基础研究评审须增加应用和产业专家。推进评审活动国际化。优化完善非共识项目的遴选机制和资助机制，建立非共识和颠覆性项目建议"网上直通车"，全时段征集重大需求方向建议。对于具备"颠覆性、非共识、高风险"等特征的原创项目，应单独设置渠道，创新遴选方式，探索建立有别于现行项目的遴选机制。对原创性项目开通绿色评审通道。

6. 改进项目实施管理。在调整参与人员、研究方案、技术路线和经费开支科目方面赋予项目负责人更大的自主权。实施"减表行动",简化预算测算说明和编报表格。建立定期评估与弹性评估相结合的评估制度,减少评估频率,可依项目自主申请开展中期评估,三年以下的项目不再进行中期评估。建立项目动态调整机制,强化全程跟踪,对实施好的项目加强滚动支持,对差的项目要及时调整。项目完成情况要客观评价,不得夸大成果水平。将科学普及作为基础研究项目考核的必要条件。稳步提升基础研究计划、项目和基地的对外开放力度。推动基础研究人才、项目等多层次、全方位、高水平交流和国际合作。

**四、营造有利于基础研究发展的创新环境**

7. 改进基础研究评价。创新人才评价机制,建立健全以创新能力、质量、贡献为导向的科技人才评价体系。注重个人评价和团队评价相结合,尊重和认可团队所有参与者的实际贡献。基础研究评价要符合科学发展规律、反映基础研究特点,实行分类评价、长周期评价,推行代表作评价制度。注重基础研究论文发表后的深化研究、中长期创新绩效评价和成果转化的后评价工作。对自由探索和颠覆性创新活动建立免责机制,宽容失败。高校、科研院所要严格落实《关于深化项目评审、人才评价、机构评估改革的意见》要求,破除"唯论文、唯职称、唯学历、唯奖项"的倾向。

8. 推动科技资源开放共享。加强科研设施与仪器国家网络管理平台建设,完善开放共享的评价考核和后补助机制,深化新购仪器设备购置查重评议,强化管理单位主体责任,加快推进科研设施与仪器开放共享。推进国家科技资源共享服务平台建设，建设一批国家科学数据中心和国家科技资源库（馆）。加强实验动物资源和科研用试剂的研发与应用。构建完善的国家科技文献信息保障服务体系。

### 五、完善支持机制

9. 加大对基础研究的稳定支持。完善基础研究投入机制，加大对长期重点基础研究项目、重点团队和科研基地的稳定支持。支持优秀青年科学家长期稳定开展基础研究，坚持本土培养和从外引进并举。认真落实《关于扩大高校和科研院所科研相关自主权的若干意见》，支持高校和科研院所围绕重要方向，自主组织开展基础研究。重构国家实验室和国家重点实验室体系，形成以重大问题为导向，跨学科领域协同开展重大基础研究的稳定机制。

10. 完善基础研究多元化投入体系。拓宽基础研究经费投入渠道，逐步提高基础研究占全社会研发投入比例。中央财政持续加大对基础研究的支持力度。通过部省联合组织实施国家重大科技任务和共建科研基地等方式，推动地方加大基础研究投入，强化地方财政对应用基础研究的支持。积极推动与各行业设立联合基金，解决制约行业发展的深层次科学问题。引导和鼓励企业加大对基础研究和应用基础研究的投入力度。鼓励社会资本投入基础研究，支持社会各界设立基础研究捐赠基金。

推动供给创造和引领需求，实现供需良性互动。畅通国民经济循环要着力优化供给结构，改善供给质量，坚定不移建设制造强国、质量强国、网络强国、数字中国，优先改造传统产业，发展战略性新兴产业，加快发展现代服务业。微观市场主体活力在优化供给体系中处于核心地位。要依法平等保护产权，为企业家捕捉新需求、发展新技术、研发新产品、创造新模式提供良好环境，提升企业核心竞争力。要加快培育完整内需体系，完善扩大内需的政策支撑体系。增强消费对经济发展的基础性作用，全面促进消费，提升传统消费，培育新型消费，发展服务消费。发挥投资对优化供给结构的关键作用，拓展投资空间，优化投资结构，推动企业设备更新和技术改造，推进一批强基础、增功能、利长远的重大项目建设。房地产业影响投资和消费，事关民生和发展。要坚持"房子是用来住的、不是用来炒的"定位，坚持租购并举、因城施策，完善长租房政策，促进房地产市场平稳健康发展。

推动金融更好地服务实体经济，健全现代流通体系。金融是实体经济的血脉。坚持以服务实体经济为方向，对金融体系进行结构性调整，大力提高直接融资比重，改革优化政策性金融，完善金融支持创新的政策，发挥资本市场对于推动科技、资本和实体经济高水平循环的枢纽作用，提升金融科技水平。流通是畅通经济循环的重要基础。要构建现代物流体系，完善综合运输大通道、综合交通枢纽和物流网络。要实施高标准市场体系建设行动，健全要素市场运行机制，加强社会信用体系和结算体系建设，降低制度性交易成本。

推动新型城镇化和城乡区域协调发展。我国正处于城镇化快速发展时期，这个过程既创造巨大需求，也提升有效供给。要发挥中心城市和城市群带动作用，实施区域重大战略，建设现代化都市圈，形成一批新增长极。城乡区域经济循环是国内大循环的重要方面。要推动农业供给侧结构性改革，确保粮食等重要农产品安全，将经济发展的底盘牢牢托住。要全面实施乡村振兴战略，强化以工补农、以城带乡，释放农村农民的需求。要推动城乡要素平等交换、双向流动，增强农业农村发展活力。要推动城市化地区、农产品主产区、生态功能区三大空间格局发挥各自比较优势，提供优势产品。要健全区域战略统筹、市场一体化发展等机制，优化区域分工，深化区域合作，更好促进发达地区和欠发达地区、东中西部和东北地区共同发展。

推动扩大就业和提高收入水平。要坚持经济发展就业导向，扩大就业容量，提升就业质量，促进更充分就业。中等收入群体的扩大对于形成强大国内市场、拉动结构升级具有基础作用。要坚持共同富裕方向，改善收入分配格局，扩大中等收入群体，努力使居民收入增长快于经济增长。要坚持按劳分配为主体、多种分配方式并存，提高劳动报酬在初次分配中的比重，着力提高低收入群体收入。完善再分配机制，加大税收、社会保障、转移支付等调节精准度，改善收入和财富分配格局。健全多层次社会保障体系，支撑投资和消费。要贯彻尊重劳动、尊重知识、尊重人才、尊重创造方针，健全各类生产要素由市场评价贡献、按贡献决定报酬机制，完善按要素分配政策制度，多渠道增加城乡居民财产性收入。完善营商环境，促进中小微企业和个体工商户健康发展。

推动更高水平的对外开放，更深度融入全球经济。要进一步扩大市场准入，创造更加公平的市场环境，在更高水平上引进外资。要加快推进贸易创新发展，提升出口质量，扩大进口，促进经常项目和国际收支基本平衡。推进共建"一带一路"高质量发展，实现高质量引进来和高水平走出去。要用顺畅联通的国内国际循环，推动建设开放型世界经济，推动构建人类命运共同体，形成更加紧密稳定的全球经济循环体系，促进各国共享全球化深入发展机遇和成果。

　　构建新发展格局是事关全局的系统性、深层次变革。位处"两个一百年"奋斗目标的历史交汇期，我们要面向未来，主动实施新的发展战略，坚定不移深化改革、扩大开放、推动创新，牢牢把握百年未有之大变局提供的战略机遇，加快构建新发展格局，全面推进社会主义现代化国家建设，向第二个百年奋斗目标进军。

　　总之，把握新发展阶段是贯彻新发展理念、构建新发展格局的现实依据，贯彻新发展理念为把握新发展阶段、构建新发展格局提供了行动指南，构建新发展格局则是应对新发展阶段机遇和挑战、贯彻新发展理念的战略选择。

# 第二章　完整、准确、全面贯彻新发展理念

　　发展理念是事关党和国家各项事业兴旺发达的内源因素。党领导人民在实践中不断深化对发展理念的规律性认识，既是党的强大领导力的外在表征，也是党的强大领导力的支撑要素。始终重视、彰显科学发展理念的引领作用，是被历史和现实一再证明的重要结论，是需要始终坚持的显著优势和优良传统。党的十八大以来，以习近平同志为核心的党中央接续推进中国特色社会主义，立足世情国情党情的新现象新变化新特点，创造性提出进一步推动我国经济社会高质量发展的新发展理念，领导人民取得了诸多新成就新变革新进步。以创新、协调、绿色、开

放、共享为核心内容的新发展理念，是深刻回答新形势下实现什么样的发展、如何实现发展的重大理论创新，是新发展阶段，构建新发展格局、推进社会主义现代化国家建设的理论遵循和行动指南。从党的根本宗旨、问题导向、忧患意识等维度完整、准确、全面贯彻新发展理念，既有助于系统把握其核心要义、科学内涵与实践重点，更有助于系统把握党关于发展的政治立场、价值导向、发展模式、发展道路等重大政治问题。

## 一、从根本宗旨把握新发展理念

新发展理念是党的十八大以来以习近平同志为核心的党中央领导人民所取得的重大理论创新成果。完整、准确、全面贯彻新发展理念，要从党的根本宗旨的高度进行深入思考与研究。这是因为，全心全意为人民服务的根本宗旨是党的一切理论创新与实践探索的"根"与"魂"。从根本宗旨把握新发展理念，是凸显其高格局高境界的必然要求。

### （一）党的根本宗旨是新发展理念的内核支撑

政党的根本宗旨是其性质的根本体现，也是一个政党区别于另一个政党的根本标志。它是政党进行理论创新、实践探索的一切行动的逻辑起点与决定要素。中国共产党作为马克思主义政党，自诞生之日起就以马克思主义为根本指导，以高度的历史使命感和责任担当感自觉承担起争取民族独立、人民解放以及国家富强、人民幸福的重任，并在长期的革命实践中将全心全意为人民服务凝结为党的根本宗旨。1944 年 9 月 8 日，在为中央警备团战士张思德举行的追悼会上，毛泽东发表以"为人民服务"为主题的讲话，对

"为人民服务"一词作出较为全面和系统的马克思主义阐释。"因为我们是为人民服务的，所以，如果我们有缺点就不怕别人批评指出……只要我们为人民的利益坚持好的，为人民的利益改正错的，我们这个队伍就一定会兴旺起来。"① 9 月 21 日《为人民服务》一文在《解放日报》上正式发表。随后毛泽东在不同场合连续强调为人民服务思想。在 10 月 4 日到清凉山中央印刷厂礼堂看望解放日报及新华社全体工作人员的讲话中，毛泽东第一次将"全心全意"置于"为人民服务"的前边，形成"全心全意为人民服务"这一完整表达。1945 年 4 月，毛泽东在中共七大所致的《两个中国之命运》开幕词中明确告诫全党，"我们应该谦虚，谨慎，戒骄，戒躁，全心全意地为中国人民服务，在现时，为着团结全国人民战胜日本侵略者，在将来，为着团结全国人民建设新民主主义的国家。"② 在《论联合政府》中，毛泽东再次着重强调，"我们共产党人区别于其他任何政党的又一个显著的标志，就是和最广大的人民群众取得最密切的联系。全心全意地为人民服务，一刻也不脱离群众；一切从人民的利益出发，而不是从个人或小集团的利益出发；向人民负责和向党的领导机关负责的一致性；这些就是我们的出发点。"③ 中共七大正式把"为人民服务"思想写进党章，明确"全心全意为人民服务"是中国共产党的根本宗旨。

中共七大以后，随着实践发展以及对革命建设改革规律认识深化，党的根本宗旨的具体内涵得以丰富和发展，使其实践伟力与指导作用不断增强，保证党领导人民不断从胜利走向胜利。历史和现

---

① 《毛泽东选集》第三卷，人民出版社 1991 年版，第 1004—1005 页。
② 《毛泽东选集》第三卷，人民出版社 1991 年版，第 1027 页。
③ 《毛泽东选集》第三卷，人民出版社 1991 年版，第 1094—1095 页。

实雄辩地证明，无论是理论创新还是实践探索都必须紧紧围绕党的根本宗旨，既要以党的根本宗旨为内核支撑，又要以为党的根本宗旨服务为根本落脚点。党的十八大以来，以习近平同志为核心的党中央在领导人民进一步推进经济社会发展的过程中，一以贯之地坚守党的根本宗旨，将贯彻落实党的根本宗旨作为推进各项事业的着眼点。如习近平总书记所讲，"守初心，就是要牢记全心全意为人民服务的根本宗旨，以坚定的理想信念坚守初心，牢记人民对美好生活的向往就是我们的奋斗目标，时刻不忘我们党来自人民、根植人民，永远不能脱离群众、轻视群众、漠视群众疾苦。"① 正是基于这种认识和判断，党的十八届五中全会审议通过的《中共中央关于制定国民经济和社会发展第十三个五年规划的建议》中，正式提出以创新、协调、绿色、开放、共享为核心内容的新发展理念，为实现"十三五"时期发展目标，破解发展难题、厚植发展优势提供科学指导和行动指南。在新发展理念指导下，党领导人民砥砺前行、奋发有为，使各项事业迈上新台阶。经济实力、科技实力、综合国力显著提升；脱贫攻坚成果举世瞩目，农村贫困人口实现脱贫；绿色中国战略进一步推进，污染防治力度加大，生态环境明显改善；对外开放持续扩大，"一带一路"建设成果丰富；人民生活水平和社会保障水平显著提高，获得感、幸福感、安全感不断加深。我国开启了全面建设社会主义现代化国家新征程，在新发展阶段，进一步落实全心全意为人民服务的根本宗旨，进一步推动经济社会高质量发展成为重大时代课题。党中央要求把新发展理念贯穿发展全过程和各领域。党和国家之所以再度凸显这一重大原则，为全面建设社会主义现代化国家开好局、起好步夯实基础，究其根

---

① 习近平：《在"不忘初心、牢记使命"主题教育工作会议上的讲话》，人民出版社2019年版，第6—7页。

源，就在于党始终坚持全心全意为人民服务的宗旨，以最广大人民根本利益为一切工作的根本出发点和落脚点。这也再度证明，党的根本宗旨是提出和坚持新发展理念的根本动力，是新发展理念的内核支撑。

### （二）新的奋斗目标是新发展理念的现实指引

新的奋斗目标是完整、准确、全面贯彻新发展理念的基本现实依据。党的根本宗旨的具体内涵是不断丰富和发展的，不同时期、不同阶段党的奋斗目标呈现出一脉相承、与时俱进的鲜明特质。在新民主主义革命时期，推翻"三座大山"，成立新中国，是党和人民的奋斗目标。在社会主义革命和建设时期，向社会主义过渡，建立社会主义制度，探索社会主义建设规律，是党和人民的奋斗目标。在改革开放和社会主义现代化建设新时期，开辟和坚持中国特色社会主义，增强综合国力，提高生产力水平，改善人民生活水平，是党和人民的奋斗目标。党的根本宗旨是党的发展理念的根本决定因素，由党的根本宗旨衍生的党的奋斗目标则是党的发展理念的现实指引。由此决定，党的发展理念具有继承性、创新性、人民性等显著特征。改革开放以来，以党的奋斗目标为依据，我们党提出以经济建设为中心和以提高人民生活水平为主要特征的发展理念，领导人民在经济社会建设中取得重大历史成就。我国社会生产力水平显著提升，社会生产能力在很多方面进入世界前列，不仅稳定解决了十几亿人民的温饱问题，而且迎来了富起来、强起来的伟大跨越。同时，我们也应该看到，推进我国经济社会发展是一项复杂性艰巨性并存的重大任务，其中潜藏的问题与矛盾交织错杂。当前来看，人民不仅对物质文化生活提出更高的要求，而且在安全、环境等方面的要求日益增长。随着时间推移与实践发展，实事求是地把握现实变化，确定新的奋斗目标，已成为党必须面对和解决的重大课题。因此，在十八届中央政治局常委同中外记者见面时，习近平总书记就作出"人民对美好生活的向往，就是我们的奋斗目标"① 的重要论述。之后，党的十九大报告中明确指出，"中国特色社会主义进入新时代，我国社会主要矛盾已经转化为人民日益增长的美好生活需要和不平衡不充分的发展之间的矛盾"②，并正式提出"把人民对美好生活的向往作为奋斗目标"这一重大判断。这意味着党领导人民推进经济社会发展需要有新思路新举措，新的奋斗目标成为孕育形成新发展理念的"催化剂"。

新的奋斗目标指明了完整、准确、全面贯彻新发展理念的路径选择与重点任务，增强了新发展理念的现实针对性。习近平总书记强调："全党同志一定要永远与人民同呼吸、共命运、心连心，永远把人民对美好生活的向往作为奋斗目标，以永不懈怠的精神状态和一往无前的奋斗姿态，继续朝着实现中华民族伟大复兴的宏伟目标奋勇前进。"③ 因此，党和国家明确提出不断促进人的全面发展、全体人民共同富裕的整体性要求，打造全面建设社会主义现代化国家、全面深化改革、全面依法治国和全面从严治党的战略布局，推进政治、经济、文化、社会和生态文明等领域的全面发展；着力推动我国经济社会发展方式、发展结构变革，在发展中保障和改善民生的基本方略；着力解决人民群众最实际、最关心的问题，促进社会公平正义的发展；着力实现人与自然和谐共生，坚定绿水青山就是金山银山的生态文明观，推进美丽中国建设；着力改善人民生活品质，提高社会建设水平，将人民群众的幸福感、获得感和安全感作

---

① 《十八大以来重要文献选编》上，中央文献出版社 2014 年版，第 70 页。
② 《党的十九大报告辅导读本》，人民出版社 2017 年版，第 11 页。
③ 《党的十九大报告辅导读本》，人民出版社 2017 年版，第 2 页。

为满足程度的重要评价标准。可以说,新的奋斗目标也是新发展理念的"定位器",帮助党和人民抓住主要矛盾和矛盾的主要方面,查找短板弱项,及时补齐不足,切实解决影响构建新发展格局、推动高质量发展的突出问题,切实解决影响人民群众生产生活的突出问题,做到有的放矢、协同推进、重点突破。

### (三)以人民为中心是新发展理念的实践导向

新发展理念不是抽象的概念范畴,而是理论与现实、手段与目标相统一的科学理论体系,对党和人民的行动起到指导、调节与纠正的作用。这就要求完整、准确、全面贯彻新发展理念,要深刻把握其实践导向,具体分析方法论要求与贯彻力量。党的十八大以来,以习近平同志为核心的党中央在领导人民进行经济社会建设的过程中,提出"坚持以人民为中心"的重要论述。党的十八届五中全会审议通过的《中共中央关于制定国民经济和社会发展第十三个五年规划的建议》中,正式提出"坚持以人民为中心的发展思想"。在党的十九大报告中正式将"坚持以人民为中心"确定为新时代中国特色社会主义建设必须遵循的基本方略。党的十九届五中全会审议通过的《建议》中,再度将"坚持以人民为中心"作为"十四五"时期经济社会发展必须遵循的重大原则。党的十九届六中全会通过的《中共中央关于党的百年奋斗重大成就和历史经验的决议》将"坚持人民至上"作为中国共产党百年奋斗的历史经验之一。党的二十大报告将"必须坚持人民至上"作为习近平新时代中国特色社会主义思想的世界观和方法论。梳理十八大以来党的重要文献发现,坚持以人民为中心与新发展理念总是结伴出现、相伴而行。这是因为,新发展理念既是要求又是抓手,坚持以人民为中心既是方法又是目的,完整、准确、全面贯彻新发理念需要坚持以人民为中心的方略与方法，坚持以人民为中心的方略与方法关键在于完整、准确、全面贯彻新发展理念。从这个意义来讲，新发展理念就是坚持以人民为中心的新发展理念，坚持以人民为中心是把握新发展理念实践导向的重大要求。

坚持以人民为中心，完整、准确、全面贯彻新发展理念，要做到发展为了人民，发展依靠人民，发展成果由人民共享，将增进民生福祉作为重点工作来抓。这就需要解决人民最关切、最直接、最现实的民生问题。在教育、就业、社会保障、人民健康、精准扶贫、公共安全和国家安全、国家基本药物制度、保障性安居工程与住房改革等方面交出人民满意的答卷。经过长期努力和积累，我国已经成为世界第二大经济体，生产方式的改变促进了社会生活方式的转型，为广大人民群众生活品质的改善提供广阔空间。1978 年，我国的人均 GDP 按照当时估计的汇率计算，只有 195 美元，到2022 年，全年人均 GDP 已经达到 85698 元，比上年增长 3.0%。可以说，随着经济社会发展，我国人民生活水平得到极大改善，民生领域工作成就巨大。但是我们也应该看到，与民生相关的公共服务在城乡与区域之间还存在较大差距，民生问题的结构性供给也存在新需求新问题。在新发展阶段，完整、准确、全面贯彻新发展理念，就是要牢牢盯住这些事关人民群众切身利益的民生问题，在民生领域下大工夫，多谋民生之利、多解民生之忧，在发展中补齐民生短板、促进社会公平正义，在幼有所育、学有所教、劳有所得、病有所医、老有所养、住有所居、弱有所扶上不断取得新进展。

坚持以人民为中心，完整、准确、全面贯彻新发展理念，要做到发展依靠人民，激发人民参与积极性，凝聚起落实各项方针政策磅礴力量。新发展理念是党的十八大以来，以习近平同志为核心的党中央领导人民迎难而上、艰苦探索而取得的重大理论成果，凝结着党和人民关于发展的集体智慧。正如习近平总书记所讲，"这五大发展理念不是凭空得来的，是我们在深刻总结国内外发展经验教训的基础上形成的，也是在深刻分析国内外发展大势的基础上形成的，集中反映了我们党对经济社会发展规律认识的深化，也是针对我国发展中的突出矛盾和问题提出来的。"[1] 孕育形成新发展理念是党和人民的努力在实践中波浪式前进的结果，完整、准确、全面贯彻新发展理念也并非易事，不是敲锣打鼓就能实现的。这就决定了，完整、准确、全面贯彻落实新发展理念不仅要明晰"为了谁"，也要厘清"依靠谁"这一重大问题。只有这样，才能夯实完整、准确、全面贯彻新发展理念的行动基础，厚植将新发展理念落到实处的力量根基。作为长期执政的马克思主义政党，中国共产党始终坚持人民群众是历史的创造者这一重要原理，始终将依靠人民，与人民群众一道创造丰功伟业作为基本遵循。这就要求在完整、准确、全面贯彻落实新发展理念的过程中，要做到问政于民、问需于民、问计于民，实现广开言路、集思广益，达成顶层设计与具体探索、政策要求与经验总结良性互动。

## 二、从问题导向把握新发展理念

实践是认识的基础，对现实实践尤其是突出问题的正确把握是科学理念的来源。新发展理念是具有强大现实针对性的重大理论创新，完整、准确、全面贯彻新发展理念，既要从党的根本宗旨的整体角度进行审视，也要从问题导向的细致角度对其内部要素构成、不同要素的功能侧重点等方面进行深入挖掘。这既有助于进一步把

---

① 《习近平谈治国理政》第二卷，外文出版社 2017 年版，第 197 页。

握新发展理念的生成逻辑与实践伟力，也有助于进一步梳理完整、准确、全面贯彻新发展理念的实践与探索经验。

### （一）创新：引领发展的第一动力

创新是中华民族的优秀传统，也是党的优良基因和显著优势，党领导人民进行经济社会建设的历程就是一部创新发展史。改革开放以来，党和国家在理论创新、体制创新、制度创新、人才创新以及科技创新等方面取得诸多成就，支撑着我国日益走近世界舞台中央，支撑着人民群众生活更加美好，支撑着实现中华民族伟大复兴的梦想更加接近。历史和现实彰显创新发展注重的是解决发展的动力问题，牵住创新这个"牛鼻子"，是推进经济社会发展的关键一招。党的十八大以来，党和国家面对国内外波谲云诡的发展形势，更加重视创新对经济社会发展的驱动作用，大力推进经济发展方式和经济结构调整，为实现"两个一百年"奋斗目标提供强大支撑力、助推力、牵引力。

2022 年 12 月 9 日，全球首架 C919 大型客机交付首家用户中国东方航空公司，这标志着我国具备了批量生产制造大型客机的能力，也为拉动民航制造业全产业链发展提供了条件。我国研制大飞机的历史最早可以追溯到 1970 年运-10 项目，该项目研制的大飞机于 1980 年首飞，1985 年项目终止。项目终止的原因，既有财政无力承担巨额开支的因素，也有当时工业基础薄弱、技术水平不足的因素。后来，美国波音、欧洲空中客车等巨头垄断大飞机市场。中国研制大飞机起步早但中途终止的历史也成为一代航天人心中永远的痛，成功研制大飞机成为实现中国梦的重要体现。随着我国综合国力不断提升以及党和国家大力实施创新驱动发展战略，解决大飞机行业垄断、大飞机技术"卡脖子"问题成为当务之急，研制大飞机再次被提上日程。在这种背景下，中国商飞公司及其研究人员以等不起的紧迫感、慢不得的危机感、坐不住的责任感，投入到大飞机研制项目中。中国商飞公司始终把提高自主创新能力摆在突出位置，坚持"以我为主"改革创新的研发思路，多管齐下扭转美国等国家技术垄断、我国关键技术受制于人的局面。一是积极学习国外的先进技术和管理经验，与庞巴迪、福克公司成立合作促进委员，与波音公司、空中客车公司开展技术与服务合作交流。二是构建以中国商飞公司为主体、市场为导向、产学研相结合的民机技术开发体系，不仅加快了新材料、现代制造等领域关键技术的群体突破，还推进了流体力学、固体力学、计算数学等基础学科的发展。三是促成国际供应商与中航工业集团、中国电子科技集团等成立 16 家合资公司，既共享市场，又通过技术转移、扩散、溢出等方式提升我国民机产业研发与制造水平。最终，我国成功研制出 C919 大型客机，相比同类产品更安全、更经济、更舒适、更环保。今天，中国已经成为全球最大的民用飞机市场，在世界民用航空市场上取得巨大成功。

这种重大突破与成功的背后，蕴含的是中国航天人锐意创新的勇气、敢为人先的锐气、蓬勃向上的朝气，体现的是党和国家大力实施创新驱动发展战略的精准性科学性前瞻性。成功研制 C919 大飞机，生动而又深刻地证明创新是引领发展的第一动力这一重大判断，也是党的十八大以来党和国家创新发展取得重大成就、迈向新台阶的集中体现。同时我们也应该看到，面对新发展阶段，构建新发展格局的新使命新任务新要求，我国仍旧存在诸多与之不相适应的矛盾与问题。关键核心技术受制于人的"卡脖子"问题未能得到很好解决；产业优势不够明显，"独门绝技"掌握不多；人口红利消退，工资水平上涨，我国基于低成本形成的竞争优势被削弱；

产能过剩、经济效益下降，亏损增多。可以说，建立在初级生产要素基础上的旧动能渐趋耗尽，依靠劳动力、土地、资源投入的传统发展方式已经难以为继。进一步推进经济社会高质量发展，就必须解决好这一系列瓶颈和深层次问题。这就更加需要发挥创新的引领作用，坚持创新在我国现代化建设全局中的核心地位，从根本上解决经济社会高质量发展的动力问题。因此，党的十九届五中全会审议通过的《建议》中，从强化国家战略科技力量、提升企业技术创新能力、激发人才创新活力、完善科技创新体制机制四个方面来坚持创新驱动发展，全面塑造发展新优势。党的二十大再次强调创新是第一动力，并强调要深入实施创新驱动发展战略，完善科技创新体系。

### （二）协调：持续健康发展的内在要求

一花独放不是春，万紫千红春满园。经济社会发展是系统性工程，协调经济社会发展各项要素之间、各要素与发展整体之间以及经济社会发展与外部环境之间的辩证关系，是必须掌握的经济社会发展规律。在这个问题上，党领导人民进行了诸多卓有成效的理论和实践探索。在社会主义革命和建设时期，党就注意到协调发展的重要性。毛泽东在《论十大关系》中，提出要协调解决重工业和轻工业农业、沿海工业和内地工业、经济建设和国防建设、国家集体和个人、中央和地方的关系、汉族和少数民族、党和非党、革命和反革命、是和非、中国和外国十对重大关系，现在来看仍然具有深刻的指导意义。在改革开放和社会主义现代化建设新时期，党和国家先后提出"两手抓""全面协调可持续"等协调发展新论断，解决了中国特色社会主义建设中的一系列难题。历史和现实彰显协调发展注重的是解决发展不平衡的问题，实现持续健康发展就必须始终坚持协调发展新理念。因此,党的十八大以来,党和国家针对经济社会发展中不平衡、不协调的新问题新特点新挑战,采取一系列新战略新思路新方法来完整、准确、全面贯彻协调发展新理念,成功解决了影响我国经济社会高质量发展的许多重大矛盾与问题。

位于环渤海中心位置的京津冀地区,地理区位优势明显,党和国家的许多重大战略项目都在京津冀地区成功落地。京津冀地区在很大程度上成为参与国际竞争的先导区域,在国家经济发展过程中起着重要的引擎作用。随着世情国情发展变化,党和国家提出一系列推进经济社会高质量发展的新部署新举措,对京津冀地区的协调发展提出新的、更高的要求。长期以来,京津冀地区的交通呈现出明显的"单中心加放射型"格局,北京承担了大量周边城市的过境运输任务,在产业布局、物资流通、人口流动等方面均存在不利影响。京津冀三地"各自为政"的道路建设系统问题成为亟须解决的重大现实任务。在这种情况下,党和国家坚持问题导向,将推进京津冀交通一体化提高到实现京津冀协同发展战略"先手棋"的高度,精准研判、科学部署,切实做到规划同图、建设同步、运输衔接、管理协同,打造区域交通协调发展的先进样板。一是科学系统谋篇布局。2015年8月,京津冀交通一体化领导小组审议并原则通过《关于推进京津冀交通一体化政策协调创新的指导意见》;同年12月,国家发展改革委和交通运输部印发了《京津冀协同发展交通一体化规划》,绘制了未来三地交通发展的蓝图。二是以优化轨道交通、公共交通为关键抓手。优先发展轨道交通、公共交通是京津冀的共识,这是因为交通一体化不仅要从"路"的角度破题,更要多从"运"的角度进行深度思考。这就需要积极构建城市间快速交通体系,努力使城市交通的运营、城市与城际之间的接驳效率更高、转运更方便、更具通达性和便利性。三是积极探索"空铁联运"新模式。在京津冀交通一体化规划中，着力采取有效举措使"空铁联运"焕发旺盛生命力也是一项重大任务。京津冀交通一体化建设，构建起一个便捷、大运量的区域交通体系，为降低经济成本和人口疏散条件提供前提，在落实京津冀协同发展战略的过程中留下浓墨重彩的一笔。

部署京津冀交通一体化建设，成功破解长期困扰京津冀三地的道路建设系统问题，是党和国家坚持问题导向，完整、准确、全面贯彻协调发展新理念的生动写照。整体来看，党和国家在推动城乡、区域协调发展，促进经济、社会协调发展，实现新型工业化、信息化、城镇化、农业现代化同步发展，推进软实力和硬实力整体发展等方面作出了巨大努力，取得了许多新的成就。同时我们也应该看到，当前我国经济社会仍旧存在一定程度的发展不充分的问题，但发展不平衡的问题已经成为影响人民日益增长的美好生活需要的首要因素。在新发展阶段，进一步推进经济社会高质量发展，需要一以贯之地完整、准确、全面贯彻协调发展新理念，实现统筹兼顾与重点突破有机统一。党的二十大指出要深入实施区域协调发展战略、区域重大战略、主体功能区战略、新型城镇化战略，优化重大生产力布局，构建优势互补、高质量发展的区域经济布局和国土空间体系。推动西部大开发形成新格局，推动东北全面振兴取得新突破，促进中部地区加快崛起，鼓励东部地区加快推进现代化。这些论述体现了协调发展新理念在全面建设社会主义现代化国家过程中的重要支撑作用，也体现了党和国家坚持问题导向，一以贯之地完整、准确、全面贯彻协调发展新理念的定力与决心。

## （三）绿色：永续发展的必要条件

大自然是人类社会赖以生存和发展的基础。纵观人类文明演进历程发现，尊重自然规律、顺应自然规律、利用自然规律，人类社会发展就会取得重大历史进步，反之，则会受到大自然的惩罚甚至是面临灭顶之灾。伦敦烟雾事件、美国多诺拉烟雾事件、日本骨痛病事件、苏联切尔诺贝利核泄漏事件都是这一科学认识的深刻注脚。中华文明源远流长、博大精深，人与自然和谐共生是内蕴其中的精华，"道法自然""自然无为""天人合一"等思想时至今日仍然具有重要的借鉴作用。对于绿色发展这一问题，党和人民的认识与行动呈现出波浪式前进、螺旋式上升的特点，在总结经验、修正失误、反思教训的过程中不断深化对人类社会发展规律、社会主义社会建设规律的理解和把握，形成以科学发展观为代表的重大理论创新，推进我国经济社会绿色发展取得较大进步。历史和现实彰显绿色发展注重解决的是人与自然和谐问题，是实现经济社会永续发展的必要条件。党的十八大以来，党和国家立足于经济社会发展新实践新情况新特点，坚持问题导向，创造性提出包含生态文明在内的"五位一体"总体布局，创造性提出"绿水青山就是金山银山""保护生态环境就是保护生产力、改善生态环境就是发展生产力"等一系列重大判断，不断推动美丽中国建设迈上新台阶，不断满足人民群众对美好生活的需要。

"一年一场风，从春刮到冬，白天点油灯，黑夜土堵门，风起黄沙飞，雨落洪成灾。男人走口外，女人挖野菜。"这首民谣描述的是地处毛乌素沙漠天然风口地带的山西省右玉县，曾经是风沙成患、山川贫瘠的不毛之地。据统计，1949 年新中国成立时，全县1969 平方公里的土地，仅剩 5.3 平方公里（约 8000 亩）的残林，森林覆盖率只有 0.3%，沙地面积达 1500 平方公里，占全县土地面积的 76.1%。① 同时，霜冻冰雹、水土流失、干旱等自然灾害频发。正是因为如此，曾经有环境专家将右玉县列为"最不适宜人类生存的地方"。在如此恶劣的自然条件下，是走是留？留下以后如何生存？成为右玉人必须面对的残酷问题。右玉首任县委书记张荣怀与县长江永济充分考察、深入把握右玉的发展困境，以党员干部的责任与担当给出了植树造林走向幸福路的答案，开启了历任县委书记、县长领导右玉人民坚持不懈植树造林、绿色发展的序幕，创造了右玉县沙漠变绿洲的奇迹。党的十八大以来，面对党和国家推进绿色发展的新要求新部署，右玉县积极响应号召，坚持问题导向，"换领导不换蓝图，换班子不换干劲"，一以贯之地坚持植树造林、绿色发展。成立生态文化旅游开发区，着力构建以生态文化旅游业为核心的绿色产业体系，广泛种植中药材，培育发展潜力大的中药材加工龙头企业，形成一条完整的中药材产业链。右玉县党员干部领导右玉人民接续艰苦奋斗、迎难而上，再度成为推动我国经济社会绿色发展的标杆与榜样。如今的右玉春如幽兰，夏如翡翠，秋如霓裳，冬如白玉，林海美景美不胜收。从沙漠到绿洲，从被冠以"最不适宜人类生存的地区"到被联合国授予"最佳宜居生态县"，绿色已经成为右玉县的标签，已经成为右玉人的骄傲。

右玉县的成功实践与探索是党和国家坚持绿色发展所取得的一系列重大成功的集中体现，深刻证明了党和国家以绿色发展新理念来带动经济社会永续发展的预见性创造性。同时我们也应该看到，有效治理经济社会发展过程会中的环境污染、资源浪费、生态退化等重大现实问题，具有复杂性艰巨性长期性特征。尤其是在全面建

---

① 参见中共中央组织部干部教育局：《五大发展理念案例选·领航中国》，党建读物出版社 2016 年版，第 121 页。

设社会主义现代化国家的过程中，能源资源约束日益趋紧、18亿亩耕地红线日趋逼近、各类环境污染呈高发态势等问题依旧存在。依据党和国家绿色发展重大战略部署，坚持问题导向，完整、准确、全面贯彻绿色发展新理念，坚定不移走绿色发展道路的脚步一刻也不能停歇。党的二十大提出，要推进美丽中国建设，坚持山水林田湖草沙一体化保护和系统治理，统筹产业结构调整、污染治理、生态保护、应对气候变化，协同推进降碳、减污、扩绿、增长，推进生态优先、节约集约、绿色低碳发展。完成这样的目标就要求在新发展阶段必须迎难而上、久久为功，坚持问题导向，减少生态环境问题存量，降低生态环境问题增量，补齐明显短板，解决因生态环境问题带来的民生之患、民心之痛。

## （四）开放：国家繁荣发展的必由之路

世界文明具有多样性与普遍性相统一的显著特征，不同区域、不同国别、不同民族的文明既有区别又有联系。尊重文明多样性，在求同存异中吸取自身发展的有益经验，是按照文明演进规律办事得出的必然结论。英国学者李约瑟在《中国科学技术史》中提出，尽管中国古代对人类科技发展作出了很多重要贡献，但为什么科学和工业革命没有在近代的中国发生？这就是著名的"李约瑟难题"。国内外学者在解答"李约瑟难题"的过程中逐渐形成一种共识，坚持开放发展则事业兴旺，故步自封、封闭僵化则是自我设限、自我阻碍。唐宋因积极推动对外交流而经济繁荣，明清因实行闭关锁国而逐渐落后于西方，是这一共识的深刻证明。对于开放发展这一问题，党领导人民进行社会主义革命与建设的过程中有过成功探索，也有过失误教训。党的十一届三中全会将对外开放确定为基本国策，中国开始了从封闭半封闭到对外开放的历史性转变。之后，面对第三次科技革命和全球化浪潮，党和国家积极应对，加入WTO，形成全方位、多层次、宽领域的开放格局，抓住机遇快速发展。可以说，改革开放以来党领导人民推进富起来、强起来的历史性跨越，对外开放的基本国策功不可没。历史和现实彰显开放发展注重的是解决发展内外联动问题，实现国家繁荣发展必须要走开放发展道路。党的十八大以来，不同国家之间、不同区域之间开放和合作的整体良好态势没有改变，但从微观来看，单边主义、保护主义、孤立主义有所抬头，影响了世界开放发展进程。在这种情况下，以习近平同志为核心的党中央站在世界发展整体趋势的制高点，俯瞰世界发展开放与合作新情况新特点，把握世界开放发展新矛盾新挑战，坚持问题导向，创造性提出"一带一路"倡议，作出了构建人类命运共同体的重大判断。

　　"一带一路"是"丝绸之路经济带"和"21世纪海上丝绸之路"的简称。共建"一带一路"是十八大以来党和国家的重大战略部署，既体现了为中国人民谋幸福、为中华民族谋复兴的初心使命和责任担当，也体现了为世界谋发展、为世界作贡献的博大胸怀和格局境界。建设"一带一路"，是以习近平同志为核心的党中央坚决贯彻开放发展新理念来带动国家繁荣、世界进步的集中体现。新疆，一个古老而又让人神往的地方，历史上曾经是丝绸之路的重要枢纽，是中西方政治经济文化交流的连接点。新疆以其鲜明的区位优势、悠久的文化传统、引人入胜的风景，成为共建"一带一路"的聚焦点。"一带一路"赋予新疆新使命，如何使其重新焕发生机，再现丝绸之路的辉煌成为摆在党和国家面前的大课题难课题。由于处在传统对外开放格局的"边缘末梢"，在很长一段时间内新疆的对外开放水平并不高，开放发展对新疆经济社会发展的引领作用并不是很明显。想要发挥新疆独特的区位优势和向西开放的窗口作用，仍然存在诸多问题和障碍。在这种情况下，党和国家坚持问题导向，采取针对性系统性很强的措施将新疆打造成丝绸之路经济带核心区，使新疆华丽转身成为新一轮对外开放的"前沿站地"，古老的驼铃声再次响彻整个新疆上空。一是统筹协调，强化战略引领。新疆的地理位置、民族构成、宗教信仰、文化习俗是其具有特色韵味的重要因素，新疆实现开放发展必须要有系统性预见性和创造性，做好战略规划，做到统筹协调、有序推进。对此，2014年9月，自治区出台《推进新疆丝绸之路经济带核心区建设的实施意见》和《推进新疆丝绸之路经济带核心区建设行动计划（2014—2020年）》，全面部署核心区建设。2015年3月，国家出台《推动共建新疆丝绸之路经济带和21世纪海上丝绸之路的愿景与行动》，进一步从国家层面进行战略规划，引领新疆的对外开放。二是形成新疆对外开放的"三步走"计划。第一步，用三到五年时间，编制完成"五大中心"专项规划，明确对外开放的基本思路、任务难点和实施重点。第二步，用五到十年时间，初步形成与周边国家高效便捷的运输体系。第三步，到本世纪中叶，"三通道""三基地""五大中心"和"十大进出口产业集聚区"全面建成，区域合作向纵深发展。三是助力企业走出去。推进新疆贯彻开放发展新理念，提高对外开放水平，要在建设合理开放格局上下功夫，既要强化基础设施建设助推重大项目落地新疆，也要助力当地企业走出去，加入全球化竞争与资源配置中去，成为连接新疆与世界的"排头兵"与"润滑剂"。

今天的新疆，交通运输通畅、商贸物流繁忙、文化科教繁荣，俨然已经成为党和国家成功实施"一带一路"倡议的重要标签。和平合作、开放包容、互学互鉴、互利共赢的"丝路精神"也昭示着党和国家完整、准确、贯彻开放发展新理念的魄力与决心。同时我们也应该看到，完整、准确、全面贯彻新发展理念的外部环境出现新变化新特点，世界进入动荡变革期，国际环境的不稳定性不确定性明显增加，以开放发展新理念引领我国经济社会高质量发展的难度上升。党的二十大提出推进高水平对外开放。依托我国超大规模市场优势，以国内大循环吸引全球资源要素，增强国内国际两个市场两种资源联动效应，提升贸易投资合作质量和水平。这种要求是党和国家坚持问题导向，稳中求进推进社会主义现代化国家建设的深刻体现，预示着完整、准确、全面贯彻开放发展新理念定能行稳致远。

### （五）共享：中国特色社会主义的本质要求

共享是坚持马克思主义唯物史观所得出的基本结论，也是中华文化中内蕴的精神价值和中华民族强烈的追求与渴望。中国共产党作为马克思主义的信仰者，作为中华优秀传统文化的承载者，共享既是她的重要价值追求也是在各个历史时期的重要工作任务。新民主主义革命时期，党领导人民进行土地革命，"打土豪，分田地"。在社会主义革命和建设时期，期望通过人民公社来实现共享，虽然实际探索过程中出现偏差和失误，但也体现了党对共享的情怀和热忱。在改革开放和社会主义现代化建设新时期，以邓小平同志为主要代表的中国共产党人深刻思考"什么是社会主义""如何发展社会主义"等一系列重大问题，创造性提出社会主义本质理论，阐明了共同富裕这一重要概念。此后，共同富裕成为中国共产党一以贯之的执政理念与发展理念，不断丰富发展共同富裕具体内涵，不断采取有效行动渐进推动共同富裕成为党和国家重大战略部署的重要抓手。经过不懈努力和长期奋斗，党和国家已经作出行之有效的制度安排，共同富裕事业稳步前进。历史和现实彰显共享发展注重的是解决社会公平正义问题，是中国特色社会主义的本质要求。共享发展既是经济社会高质量发展的手段与方法，更是经济社会高质量发展的目的与落脚点，完整、准确、全面贯彻共享发展新理念一刻也不能耽误。党的十八大以来，面对进一步推动经济社会高质量发展的新主题高要求，收入分配格局不合理、社会保障体系和制度仍不完备、公共服务共建能力不足和共享水平不高等问题日益明显，我国大量贫困人口生活难以得到有效保障，更是时刻牵动着党中央的心。面对这种情况，以习近平同志为核心的党中央，坚持问题导向，对共享发展新理念作出科学系统阐释，提出全民共享、全面共享、共建共享、渐进共享等重要判断和重大要求，成为完整、准确、全面贯彻共享发展新理念的科学指南和行动纲领。

完整、准确、全面贯彻新发展理念是一项长期性系统性工程，既要坚持全面系统规划，又要把握重点任务与关键抓手。实施精准扶贫、精准脱贫是以习近平同志为核心的党中央坚持问题导向作出的重大战略抉择。成功实现扶贫脱贫是完整、准确、全面贯彻共享发展新理念的最大业绩。地处我国西南腹地的贵州省，山清水清，环境优美，多民族文化特色浓厚，出产的茅台酒更是享誉中外。然而在很长一段时间，贫困二字总是与贵州相关联，"人无三分银"曾是贵州贫困艰难的生动写照。解决历史遗留下来的贫困"负遗产"，做到全方位、多形式扶贫脱贫，让共享发展理念在贵州落地生根、开花结果成为党和国家的重大考量。这不仅是对贵州人民负责的必然要求，也是鼓舞带动整个精准扶贫、精准脱贫事业的必然要求。仔细观察和研究发现，贵州省的贫困人口基数大、区域广，更为关键的是，贵州省基础教育底子很薄弱，很多人祖祖辈辈都没有走出过大山，贫困代际传递问题严重。这就决定了贵州省实现扶贫脱贫难度非常大，如果找不对方向，开不好方子，必然会事倍功半。在这种情况下，党和国家坚持问题导向，科学研判、精心部署，贵州省委省政府担当作为、攻坚克难，书写了中国减贫奇迹的贵州篇章。一是打好"四场硬仗"，在基础设施建设、产业扶贫、易地搬迁扶贫以及做好教育、医疗、住房"三保障"等方面取得重大突破。二是进行两轮"五个专项治理"，先是在全省集中开展贫困人口漏评错评、贫困人口错退、农村危房改造不到位、扶贫资金使用不规范、扶贫领域腐败和不正之风等专项治理，后来又在全省开展了扶贫资金管理使用不规范、驻村帮扶不扎实、政策落实不到位、扶贫协作有差距、攻坚打法不精准等专项治理，为成功实现扶贫脱贫保驾护航。三是实施"四个聚焦"，切实做到扶贫资金向深度贫困区聚焦，东西部扶贫协作要向深度贫困地区聚焦，基础设施建设要向深度贫困地区聚焦，帮扶力量要向深度贫困地区聚焦。

今天，贵州人世代贫困的命运已经彻底改变，贵州省已经发生翻天覆地的历史性变化。从贫困落后到被习近平总书记赞誉为十八大以来党和国家事业大踏步前进的一个缩影，贵州省脱贫攻坚战取得巨大胜利的原因是多方面的，最根本的，则是党和国家坚持问题导向，完整、准确、全面贯彻共享发展新理念，全力推进共同富裕。党领导人民扶贫脱贫的伟大事业已经取得成功，我国已经全面建成小康社会。同时我们也应该看到，我国发展不平衡不充分的问题仍然突出，形成橄榄型分配格局、实现公共服务均等化仍需付出极大努力，在全面建设社会主义现代化国家的过程中，完整、准确、全面贯彻共享发展新理念的战略部署仍在持续。党的二十大指出，全面建设社会主义现代化国家，最艰巨最繁重的任务仍然在农村。坚持农业农村优先发展，坚持城乡融合发展，畅通城乡要素流动。加快建设农业强国，扎实推动乡村产业、人才、文化、生态、组织振兴。这些要求再度体现了党和国家脚踏实地、久久为功完整、准确、全面贯彻共享发展新理念的坚定性，再度体现了党和国家始终坚持问题导向，实事求是、积极稳妥完整、准确、全面贯彻共享发展新理念的灵活性，为扎实推动经济社会高质量发展，实现共同富裕提供科学指引。

## 三、从忧患意识把握新发展理念

党领导人民艰苦奋斗、迎难而上、干事创业，创造了世所罕见的经济发展增长的奇迹和社会长期稳定的奇迹，统筹经济增长与社会稳定，在辩证统一中固守两大奇迹并不断创造新的奇迹是党和国家需要承担的长期性历史任务。由此决定，完整、准确、全面贯彻新发展理念，推动经济社会高质量发展，推动全面建设社会主义现代化国家开好局起好步，必然要从忧患意识的角度把握新发展理念，在统筹安全与发展辩证关系中取得更多新突破新成就。

### （一）贯彻新发展理念需要牢牢坚持底线思维

完整、准确、全面贯彻新发展理念是党和国家根据世情国情变化作出的重大战略判断、重大战略部署，完整、准确、全面贯彻新发展理念要有使命担当的战略责任感、登高望远的战略眼界力、见微知著的战略判断力，既胸怀中华民族伟大复兴战略全局，也能够统揽世界百年未有之变局。党的十八大以来，习近平总书记反复强调，推进经济社会发展需要深刻把握我们自身的重大矛盾与突出问题，全面领悟世界发展大势所带来的机遇与挑战，牢牢坚持底线思维，着力防范化解重大风险。开启全面建设社会主义现代化国家新征程的关键时期，也是我国发展面临的各方面风险不断积累甚至集中显露的时期。一是我国仍处于体制转轨、经济转型和既往政策消化期，我国宏观经济下行压力不断增大，稳增长、调结构、惠民生任务艰巨。二是全面深化改革要涉及重大利益关系调整，涉及的利益群体越来越多，遭遇的现实阻力越来越大，推进改革的敏感程度、复杂程度前所未有。三是改革发展步伐加快，经济社会面临的主要矛盾和矛盾的主要方面随之发生变化。四是伴随经济全球化深入推进，国际风险会以更快的速度、更大的规模和更深刻的影响传递到国内，尤其是新冠疫情席卷全球以后，国际形势更加复杂难测，风险预判把控难度明显增加。

更为重要的是，国内国外各种风险往往不是孤立出现的，很有可能相互交织并形成一个风险综合体。防范化解政治领域重大风险、防范化解意识形态领域重大风险、防范化解经济领域重大风险、防范化解科技领域重大风险、防范化解社会领域重大风险、防范化解外部环境领域重大风险、防范化解党的建设领域重大风险、防范化解安全生产领域重大风险成为党和国家所面临的重大现实任务。受到各种因素影响，完整、准确、全面贯彻新发展理念的难度有所增加。但是，党的十八大以来，以习近平同志为核心的党中央领导人民推进中国特色社会主义建设取得新成就新变革，中国特色社会主义各项制度更加定型有效，国家治理体系和治理能力现代化建设取得新进步，经济社会已转向高质量发展，经济实力更加雄厚，人力资源更加丰富，发展韧性更加强劲。这些新成就新变革是党和国家牢牢坚持底线思维，"下好先手棋""打好准备仗"，在完整、准确、全面贯彻新发展理念过程中成功应对"黑天鹅""灰犀牛"等风险事件的雄厚底气、显著优势。面对错乱纷杂的国际局势，迎接挑战、抓住机遇的时与势都在我们这一边，党和国家有信心、有能力实现危机中育先机、变局中开新局的战略追求。

## （二）贯彻新发展理念需要提高解决问题能力

完整、准确、全面贯彻新发展理念，要抓住领导干部这个"关键少数"，不断提升领导干部解决实际问题的能力是需要重点关注的重大课题。党的十八大以来，各级党委（党组）及其组织（人事）部门以习近平新时代中国特色社会主义思想为指导，坚决贯彻落实新时代党的组织路线，着力增强各级领导干部的学习本领、政治领导本领、改革创新本领、科学发展本领、依法执政本领、群众工作本领、狠抓落实本领、驾驭风险本领。整体来看，因能力不足而导致"不能为""不善为"的问题得到很好解决，领导干部解决实际问题的能力结构进一步优化，行动水平进一步提高。同时，面对完整、准确、全面贯彻新发展理念的新要求高要求严要求，需要根据具体问题与明显短板，持续发力、优化改进，统领思想淬炼、政治历练、实践锻炼、专业训练的辩证关系，在协同推进与重点突破的逻辑指导下，做到整体提升与补齐短板有机统一。

### 1. 聚焦提升科学决策能力

决策是体现领导干部能力的鲜明要素，决策科学合理，在一定程度上决定地区与部门完整、准确、全面贯彻新发展理念的效果。提高科学决策能力，需要重点把握三个关键要素。一是价值要素，做决策要有战略眼光，善于从党和国家整体事业大局的高度进行思考，善于从人民群众对美好生活的向往的深度进行思考，强化决策赋值，为落实中的不断增值打好基础。二是范围要素，范围影响决策资源，扩大信息收集范围、增加决策人员参与范围、拓宽方案选择范围都是增加决策科学性的重要因素。党的二十大召开前，党中央决定围绕党的二十大相关工作进行网络征求意见，这是党的历史上第一次将党的全国代表大会相关工作面向全党全社会公开征求意见，充分彰显了以习近平同志为核心的党中央发扬民主、集思广益的优良作风。三是支持要素，决策的效能在于落实，科学的决策必然是具有可操作性，这就要求作决策一定要开展可行性研究，多方听取意见，综合评判，科学取舍，使决策符合实际情况、具有实践支撑力。

## 2. 聚焦提升群众工作能力

群众路线是党的生命线，也是领导干部必须掌握的根本工作方法。不断增强群众工作能力既是发挥党的优良传统与政治优势的必然要求，也是保证多元主体共同参与、凝聚解决实际问题磅礴力量的根本途径。2019 年末，新冠疫情汹涌来袭，党中央高度重视、科学研判、严密部署，打响抗击疫情的人民战争，带领人民打赢抗击疫情阻击战、总体战，取得世界瞩目的抗疫成果，形成伟大的抗疫精神。抗疫伟大实践再次证明，坚决贯彻落实群众路线、不断增强群众工作能力具有极端重要性。3 年多来，我国抗疫防疫历程极不平凡。以习近平同志为核心的党中央始终坚持人民至上、生命至上，团结带领全党全国各族人民同心抗疫，以强烈的历史担当和强大的战略定力，因时因势优化调整防控政策措施，高效统筹疫情防控和经济社会发展，成功避免了致病力较强、致死率较高的病毒株的广泛流行，有效保护了人民群众生命安全和身体健康，为打赢疫情防控阻击战赢得了宝贵时间。实践证明，党中央对疫情形势的重大判断、对防控工作的重大决策、对防控策略的重大调整是完全正确的，措施是有力的，群众是认可的，成效是巨大的。

提升群众工作能力，首先，要关注工作方式的温度问题。做群众工作要多用软权力、少用硬权力，时刻把群众安危冷暖放在心上，切实解决群众"急难愁盼"的问题，在良好的干群关系中增加目标认同、情感认同、政治认同，从而让他们心热起来、行动起来。其次，要关注工作方式的厚度问题。随着经济社会发展，群众的受教育程度、思想觉悟已达到较高水平，发动群众既要讲政策又要讲道理，既要做宣传又要常接触，实现深层次、持续发动群众的目标。最后，要创新群众工作方式。互联网时代，善于走网上群众路线已经成为领导干部的必修课。既要经常上网看看，潜潜水，了解群众所思所愿，也要聊聊天，发发声，回应关切问题，及时释疑解惑；既要坚持巩固线下增加群众工作有效性的宝贵经验，也要在线上用群众喜闻乐见、易于接受的方法开展工作，在良好的网络互动氛围中进一步提升群众参与的积极性与创造性。

### 3. 聚焦提升抓落实能力

一分部署，九分落实，提高抓落实能力是为民服务、勤政务实、敢于担当的内在特质的集中体现。正如习近平总书记在2020年秋季学期中央党校（国家行政学院）中青年干部培训班开班式上的讲话中所说，干事业不能做样子，必须脚踏实地，抓工作落实要以上率下、真抓实干。纵观党的十八大以来完整、准确、全面贯彻新发展理念的实践历程发现，提升抓落实能力有三个关键抓手。

首先，要做到重要任务亲自部署。党的十九大报告中提出，"明确全面深化改革总目标是完善和发展中国特色社会主义制度、推进国家治理体系和治理能力现代化"[①]。为贯彻落实党的二十大精神，习近平总书记亲自挂帅、亲自部署，在广西代表团审议二十大报告时，习近平总书记提出学习贯彻落实党的二十大精神要从五个方面牢牢把握。其次，要做到落实情况亲自督查。党的十八大以来，以习近平同志为核心的党中央领导人民开展脱贫攻坚战，着力解决中华民族千百年来存在的绝对贫困问题。在这个过程中，

---

① 《党的十九大报告辅导读本》，人民出版社2017年版，第19页。

习近平总书记十分注重实地考察，亲自督查党中央脱贫攻坚重大部署及精神的落实情况。从河北阜平的骆驼湾村到湘西十八洞村，从甘肃定西到四川凉山，习近平总书记每到一处，都必问政策、算账本、聊变化，询饥饱、问冷暖、恤困苦，对实际落实情况了然于胸。最后，要做到关键环节亲自把关。党的十九届五中全会审议通过的《建议》中指出，决胜全面建成小康社会取得决定性成就。2021年上半年党中央对全面建成小康社会进行系统评估和总结，然后正式宣布我国全面建成小康社会。这充分昭示党中央越到关键环节越是科学谨慎，越是牢牢把关的典型特点与优势。

4. 聚焦提升应急处突能力

如前所论，当前和今后一个时期，我国发展仍然处于重要的战略机遇期，但机遇和挑战都有新的变化。这就要求深刻认识我国社会主要矛盾变化带来的新特征新要求，深刻认识错综复杂的国际环境带来的新矛盾新挑战。2019年习近平总书记在中央党校（国家行政学院）中青年干部培训班开班式上的讲话中就着重指出，"防范化解重大风险，是各级党委、政府和领导干部的政治职责，大家要坚持守土有责、守土尽责，把防范化解重大风险工作做实做细做好。"① 2020年习近平总书记在中央党校（国家行政学院）中青年干部培训班开班式上的讲话中再次强调，年轻干部要提高应急处突能力。习近平总书记在不同时间、不同场合始终高度重视防范化解重大风险、提高应急处突能力这一重大问题，充分凸显研究、解决这一课题的重要性与紧迫性。辩证地看，风险与危机既是阻碍行动的绊脚石；同时，面对风险、应对危机也是认识和把握发展规律的必然过程。做到准确识变、科学应变、主动求变，就能够抓住机

---

① 《习近平关于"不忘初心、牢记使命"论述摘编》，党建读物出版社、中央文献出版社2019年版，第224页。

遇，奋勇前进，在危机中育先机、于变局中开新局。

首先，要做到科学预判风险。习近平总书记在党的群众路线教育实践活动工作会议上的讲话中引用古语"禁微则易，救末者难"，来说明提前整理作风和思想，避免酿成大祸、难以挽救的深刻道理。这一思想对揭示科学研判风险的重要性同样具有深刻的指导意义。做到科学研判风险，一方面要提高警惕、擦亮眼睛，关注"灰犀牛"等大概率事件，提前预测、早加预防；另一方面要全景扫描、细心观测"黑天鹅"等小概率事件，重点突破、带动全局。其次，要做到有效掌控风险。提高应急处突能力，既要有先手，下好先手棋；也要有高招，打好主动仗。能够准确及时判断风险源头与发展趋势，及时切断风险蔓延渠道，避免局部风险延伸为整体风险、非系统性风险演变为系统性风险，避免小风险转变为大风险、经济风险转变为社会政治风险，避免国际风险转变为国内风险，切实做到对症下药、综合施策、化险为夷、转危为机。最后，要有应对危机的胆识和气魄。危机是领导干部胸怀、勇气、格局的试金石。危机面前，要有狭路相逢勇者胜的胆量和气魄，这是提升应急处突能力必备的心理要素。习近平总书记在统筹推进新冠疫情防控和经济社会发展工作部署会议上的讲话中也曾明确提出，面对疫情与困难要始终怀有必胜之心、责任之心、仁爱之心、谨慎之心。这就要求领导干部要做到自我肯定、自我鼓励，能够迎难而上、积极履职、带头行动，千万不能陷入自我萎缩、自我否定的错误境地。

### （三）贯彻新发展理念需要增强行动的坚定性

完整、准确、全面贯彻新发展理念不能指望"毕其功于一役"，各级领导干部一定要对国之大者心中有数，时刻与党中央保持思想上政治上行动上的一致，切实做到党中央提倡的坚决响应，党中央决定的坚决执行，党中央禁止的坚决不做，一以贯之地将各项重大战略部署不折不扣落到实处。对于这一问题，我们要善于从政治定力的高度进行深入剖析，为强化完整、准确、全面贯彻新发展理念保驾护航。

习近平总书记在庆祝中华人民共和国成立 74 周年招待会上的讲话指出，新征程上，我们的前途一片光明，但脚下的路不会是一马平川。这就意味着在前进道路上会面临经济、政治、文化、社会、生态文明以及党的建设等多个领域的、多个方面的、前所未有的困难和挑战，解决这些困难和挑战需要进行艰苦卓绝的工作和拥有坚韧不拔的气质，这势必要进行具有许多新的历史特点的伟大斗争。如习近平总书记所讲："领导干部要有草摇叶响知鹿过、松风一起知虎来、一叶易色而知天下秋的见微知著能力，对潜在的风险有科学预判，知道风险在哪里，表现形式是什么，发展趋势会怎样，该斗争的就要斗争。"① 因此，各级领导干部需要以科学的理论为指导，在实践中反复锤炼斗争精神、不断提高斗争本领、深刻体悟斗争艺术，清理影响行动前进的障碍、打破影响行动前进的桎梏。

---

① 《习近平谈治国理政》第三卷，外文出版社 2020 年版，第 226—227 页。

# 第三章　新发展理念的实践新要求

　　理论是实践的先导，思想是行动的指南。在新发展阶段，新发展理念有了新的内涵和新的特点，在完整、准确、全面贯彻新发展理念的基础上，我们还必须准确把握其实践新要求，推动新发展理念向实践的转化，即坚持创新驱动发展，推动区域协调发展和新型城镇化，坚持绿色发展，实行高水平对外开放，改善人民生活品质。

## 一、坚持创新驱动发展

　　习近平总书记强调，"国际经济竞争甚

至综合国力竞争，说到底就是创新能力的竞争"①。我们党早在党的十八大报告中就首次提出创新驱动发展战略，强调"科技创新是提高社会生产力和综合国力的战略支撑，必须摆在国家发展全局的核心位置"。②党的十九大再次强调了创新的重要性，指出"加快建设创新型国家，创新是引领发展的第一动力，是建设现代化经济体系的战略支撑"。③党的十九届五中全会通过的《建议》再次明确提出："坚持创新在我国现代化建设全局中的核心地位，把科技自立自强作为国家发展的战略支撑。"这是我党制定规划建议历史上第一次把坚持创新驱动发展放在规划任务的首位进行专章部署，第一次把创新放到前所未有的战略高度，充分证明了坚持创新驱动对于国家发展的重要作用。党的二十大强调指出，教育、科技、人才是全面建设社会主义现代化国家的基础性、战略性支撑。必须坚持科技是第一生产力、人才是第一资源、创新是第一动力，深入实施科教兴国战略、人才强国战略、创新驱动发展战略，开辟发展新领域新赛道，不断塑造发展新动能新优势。这说明创新驱动战略已经成为我国现代化建设中的三大战略之一。

党的十八大以来，创新驱动发展成为我国迈向高质量发展的重要指引方针，科技创新体系不断优化，并取得了一系列重大原创性科技创新成果。科技创新水平持续加强，创新能力不断攀升。世界知识产权组织（WIPO）在瑞士公布《2023年全球创新指数》（以下简称"GII"）。2023年GII使用了80个指标跟踪130多个经济体的全球创新趋势。GII显示，瑞士、瑞典、美国、英国和新加坡是

---

① 中共中央文献研究室：《习近平关于社会主义经济建设论述摘编》，中央文献出版社2017年版，第125页。
② 《胡锦涛文选》第三卷，人民出版社2016年版，第629页。
③ 《习近平谈治国理政》第三卷，外文出版社2020年版，第24页。

2023 年全球最具创新力的经济体；中国是 GII 前 30 名中唯一的中等收入经济体，排名第 12 位。成都本次排名全球第 24 位（国内第 9 位）。专利授权规模和国际论文发表量也都处于世界前列。① 在肯定创新发展成果的同时，也要意识到我国创新水平与发达国家相比仍存在一定差距，如科技发展水平总体不高，科技管理体制机制有待提升，基础研究投入不足，关键核心技术仍存在"卡脖子"问题，顶尖科研人才缺失等。在新一轮科技革命和产业变革的大背景下，坚持创新发展，具体可以从以下几个方面提出优化思路。

### （一）发挥新型举国体制优势，引领国家创新体系建设

从制度经济学的视角来看，制度是引领大国之间科技创新体系差异性的决定性因素，大国之间的科技创新竞争，本质上依然是制度体系的竞争。与西方发达国家的市场经济体制相比，我国社会主义市场经济体制，彰显出社会主义集中力量办大事的巨大优势。从新中国成立初期到党的十八大以来，社会主义市场经济体制下的举国体制在驱动重大工程领域的科技创新发挥着重要作用，无论是人造卫星、原子弹、氢弹等方面的重大成就，还是载人航天工程、信息技术等关键核心技术的突破都离不开举国体制的制度力量的发挥。迈入新发展阶段，依然需要发挥举国体制突破长期被发达国家制约的"卡脖子"技术。对此，党的十九届四中全会首次明确提出"构建社会主义市场经济条件下核心关键技术攻关新型举国体制"，即坚持在社会主义市场经济条件下，通过发挥有为政府与有效市场双重力量，面向核心关键技术领域的重大科技攻关过程中坚持全国一盘棋，科学统筹、集中力量、优化机制、协同攻关的制度

---

① 参见陈劲、阳镇、尹西明：《双循环新发展格局下的中国科技创新战略》，《当代经济科学》2021 年第 1 期。

安排。2022 年 9 月 6 日，中共中央总书记、国家主席、中央军委主席、中央全面深化改革委员会主任习近平主持召开中央全面深化改革委员会第二十七次会议，审议通过《关于健全社会主义市场经济条件下关键核心技术攻关新型举国体制的意见》。我国已经开启全面建设社会主义现代化国家新征程，立足新发展阶段，贯彻新发展理念，构建新发展格局，以及国内外环境新变化都对科技创新发展提出了新要求。"新型举国体制"是指面向国家重大需求，瞄准关键核心技术和"卡脖子"领域，发挥市场在资源配置中的决定性作用，更好发挥政府作用，强化责任落实机制，用好庞大的国内市场需求，凝聚和集成国家战略科技力量、社会资源共同攻克重大科技难题的组织模式和运行机制。新型举国体制之"新"，在于在科技自立自强和国际科技合作辩证统一的条件下推动有为政府和有效市场更好结合。

因此，在新发展阶段，构建科技创新体系的核心问题便是处理好"有为政府"与"有效市场"的关系，一方面，要发挥好市场在技术研发领域配置资源的决定性作用，构建有利于发挥市场作用的技术创新政策支持体系。优化营商环境，加强知识产权保护的制度建设，要意识到企业特别是民营企业和科研机构在科技创新中的主体地位。经验表明，那些遵循市场规则开展技术创新的民营企业，往往显示出蓬勃的创新活力。另一方面，要用好政府这只看得见的手，更好发挥政府在基础研究投入和原创性研究投入中的支持性作用，要发挥集中力量办大事的制度优势。要统筹规划科技资源整体布局，构建合理的要素配置机制，促进要素市场化配置和聚集，如充分利用新一代产业工人这一新的比较优势，为加大一些关键领域核心技术研发力度，提供重要的人才保障。要加强知识产权保护工作的顶层设计，通过完善知识产权保护相关法律法规，构筑知识产权全链条保护体系，形成良好的创新环境，为推动科研成果转化运用、营造良好营商环境、国际贸易活动的顺利开展保驾护航。

## （二）强化企业创新主体地位，提升企业技术创新能力

党的十八大以来，我国企业自主创新的主体地位明显增强，企业创新实力、创新成果和创新环境取得长足进步，有力支撑了经济高质量发展。企业逐步成为技术创新"主角"。根据相关资料，企业研发投入占全社会研发投入比重超过 75%，国家重点研发计划中，企业参与实施比例达到 75%，企业研发人员全时当量占三大执行部门比例超过 75%。[①] 习近平总书记指出："发挥企业在技术创新中的主体作用，使企业成为创新要素集成、科技成果转化的生力军。"[②] 对此，要着力运用市场化机制激励企业创新，强化企业创新主体地位和主导作用，强化创新创业服务及支撑体系建设，纵深推进大众创业万众创新。通过构建有利于企业创新的体制机制，强化财税支持，完善激励企业加大研发投入的普惠性政策。通过研发资助、专项资金、减免税、创新券等方式降低创新成本。完善对企业知识产权的补贴政策，加大对国际专利的补贴力度，鼓励企业或科研机构推进技术专利化、专利标准化。加快新型基础设施建设等国家战略性投资建设，引导财政资金和社会资本流向，推动 5G 网络、人工智能、大数据中心等新型基础设施的高质量建设，为企业进行创新提供基础设施。强化金融支持，引导银行机构加强对技术、资本密集型产业中长期贷款和知识产权质押贷款支持。发挥多层次资本市场作用，加强创新型中小企业上市培育。放宽中小企业

---

① 梁志锋：《切实提升企业自主创新能力》，《红旗文稿》2021 年第 6 期。
② 习近平：《正确认识和把握中长期经济社会发展重大问题》，《求是》2021 年第 2 期。

获取信贷融资的门槛，借助区块链、人工智能、云计算等前沿科技，鼓励开展供应链金融服务。

### （三）营造良好科研创新环境，激发人才创新活力

人才是实现科技创新的根基，是我国经济发展的第一资源。面对全球新一轮科技革命和产业变革，谁能抢占先机、广纳天下英才，谁就能在竞争中赢得主动、占领制高点。做好人才工作，强化科技创新人才支撑，首先要完善人才引进、培养、使用、激励等方面的体制机制，破除人才流动机制障碍，实行更加有效的人才政策，形成具有吸引力和国际竞争力的人才制度体系，建立人才在科研院所与民营企业的双向流动机制，积极引进海外高端人才，鼓励高校院所高端人才到中小企业兼职，提供技术支撑和服务，推动高等院校优化相关学科建设和专业布局，鼓励企业建立企业研究院、院士、博士后工作站等创新平台。完善科技人员绩效考核评价机制，营造有利于激发科技人才创新的生态系统。强化激励，用好人才，使发明者、创新者能够合理分享创新收益。其次要依法保护企业家的财产权和创新收益，完善知识产权保护相关法律法规，在全社会形成尊重知识、尊重人才、尊重创造的氛围。建立鼓励创新、宽容失败的容错机制，对新兴技术产业实施包容审慎监管。有力有序推进创新攻关的"揭榜挂帅"体制机制。以解决真问题为目标，以"谁有能力谁上"为科研导向，不断激活创新动力，激励科研资源优化整合，促进科研体制机制创新。最后要加强企业家培养，尤其是注重企业家精神，塑造一批爱国、诚信、有社会责任感、有国际视野、敢为天下先的企业家，提升能为天下先的企业管理能力和经营水平，形成企业长期稳定发展预期，为人才作用的发挥创造条件。

## 二、推进区域协调发展和新型城镇化

习近平总书记指出："新形势下，协调发展具有一些新特点。比如，协调既是发展手段又是发展目标，同时还是评价发展的标准和尺度。再比如，协调是发展两点论和重点论的统一，一个国家、一个地区乃至一个行业在其特定发展时期既有发展优势、也存在制约因素，在发展思路上既要着力破解难题、补齐短板，又要考虑巩固和厚植原有优势，两方面相辅相成、相得益彰，才能实现高水平发展。"① 新的发展阶段赋予了协调发展新的内涵，尤其要注重发展短板和潜力的统一，当前我国正处于由中等收入国家向高收入国家迈进的阶段，国际经验表明，这个阶段是各种矛盾集中爆发的时期，容易出现发展不协调、暴露出各项短板弱项。协调发展，就是要找出短板，在补齐短板上多用力，通过补齐短板挖掘发展潜力、增强发展后劲。具体来看，在城乡关系上，要实现城乡一体化；在区域关系上，要实现地区间协同发展；在经济与社会发展关系上，要实现经济发展与社会发展的和谐；在"软实力"与"硬实力"关系上，要实现物质文明与精神文明的协调发展；在城镇化发展上，要推进以人为核心的新型城镇化。

### （一）实现城乡一体化

在新的发展阶段，实现城乡协调发展的主要手段是加快推进城乡一体化。习近平总书记在 2015 年 4 月 30 日主持中共中央政治局第二十次集体学习时强调："加快推进城乡发展一体化，是党的十

---

① 《习近平谈治国理政》第二卷，外文出版社 2017 年版，第 205—206 页。

八大提出的战略任务，也是落实'四个全面'战略布局的必然要求。全面建成小康社会，最艰巨最繁重的任务在农村特别是农村贫困地区。我们一定要抓紧工作、加大投入，努力在统筹城乡关系上取得重大突破，特别是要在破解城乡二元结构、推进城乡要素平等交换和公共资源均衡配置上取得重大突破，给农村发展注入新的动力，让广大农民平等参与改革发展进程、共同享受改革发展成果。"① 党的二十大指出，全面建设社会主义现代化国家，最艰巨最繁重的任务仍然在农村。坚持农业农村优先发展，坚持城乡融合发展，畅通城乡要素流动。加快建设农业强国，扎实推动乡村产业、人才、文化、生态、组织振兴。

推进城乡一体化发展的着力点是通过建立城乡融合的体制机制，要把城镇和乡村贯通起来，"要把工业和农业、城市和乡村作为一个整体统筹谋划，促进城乡在规划布局、要素配置、产业发展、公共服务、生态保护等方面相互融合和共同发展。"② "要推动城镇基础设施向农村延伸，城镇公共服务向农村覆盖，城镇现代文明向农村辐射，推动人才下乡、资金下乡、技术下乡，推动农村人口有序流动、产业有序集聚，形成城乡互动、良性循环的发展机制。"③ "要坚持工业反哺农业、城市支持农村和多予少取放活方针，促进城乡公共资源均衡配置，加快形成以工促农、以城带乡、工农互惠、城乡一体的工农城乡关系，不断缩小城乡发展差距。"④ 在此基础上逐步实现城乡居民基本权益平等化、城乡公共服务均等化、城乡居民收入均衡化、城乡要素配置合理化，以及城乡产业发展融合化。

① 《习近平关于社会主义经济建设论述摘编》，中央文献出版社 2017 年版，第 187 页。
② 《习近平关于社会主义经济建设论述摘编》，中央文献出版社 2017 年版，第 188 页。
③ 习近平：《做焦裕禄式的县委书记》，中央文献出版社 2018 年版，第 53 页。
④ 《习近平谈治国理政》第二卷，外文出版社 2017 年版，第 207 页。

## （二）实现地区间协同发展

自中华人民共和国成立之初至改革开放前，我国实行的是区域均衡发展战略，但是从目标实现程度来看，并没有实现真正意义上的区域经济均衡发展。改革开放以后，区域发展战略发生了重要变化，邓小平在 1978 年召开的中央经济工作会议上，提出了让一部分地区先发展起来的新思路。1988 年，邓小平又提出了"两个大局"的战略构想：一个是，沿海地区要加快对外开放，从而带动内地更好地发展。另一个是，发展到一定的时候，沿海拿出更多力量来帮助内地发展。[①] 伴随我国市场化改革不断推进，经济快速发展带来地区发展不平衡，利益矛盾冲突等问题，促进区域协调发展的重大议题得到充分关注。改革开放以后，西部大开发战略、振兴东北老工业基地战略、中部崛起战略等相继提出。党的十八大之后，以习近平同志为核心的党中央对区域公平协调发展也高度重视，并多次作出重要论述，形成一系列新的战略思想。"一带一路"建设、长江经济带发展、京津冀协同发展三大发展战略相继出台，目的就是要通过区域发展规划实现地区间协同发展。党的十九大报告继续明确："加大力度支持革命老区、民族地区、边疆地区、贫困地区加快发展，强化举措推进西部大开发形成新格局，深化改革加快东北等老工业基地振兴，发挥优势推动中部地区崛起，创新引领率先实现东部地区优化发展，建立更加有效的区域协调发展新机制。"[②] 党的二十大报告指出，推动西部大开发形成新格局，

---

① 《邓小平文选》第三卷，人民出版社 1993 年版，第 277—278 页。
② 习近平：《决胜全面建成小康社会　夺取新时代中国特色社会主义伟大胜利——在中国共产党第十九次全国代表大会上的报告》，人民出版社 2017 年版，第 32—33 页。

推动东北全面振兴取得新突破，促进中部地区加快崛起，鼓励东部地区加快推进现代化。支持革命老区、民族地区加快发展，加强边疆地区建设，推进兴边富民、稳边固边。推进京津冀协同发展、长江经济带发展、长三角一体化发展，推动黄河流域生态保护和高质量发展。高标准、高质量建设雄安新区，推动成渝地区双城经济圈建设。这一系列战略部署为新发展阶段缩小地区发展差距，促进区域经济协调发展形成新格局提供了重要的制度保障。

新时代协调区域间的发展关系，关键是要注重顶层设计。习近平总书记指出：要着力加大对协同发展的推动，必须自觉打破自家"一亩三分地"的思维定式，抱成团朝着顶层设计的目标一起做。① 只有加强顶层设计，加强系统谋划，发挥各自优势，扬长避短，采取有针对性的政策措施，才能逐步实现高水平地区协同发展。西部地区发展要坚持绿色发展，大力推动信息技术、新经济与传统产业的融合，利用区位优势积极参与和融入"一带一路"建设，建设高水平开放型经济。东北老工业基地发展重在振兴，要以供给侧结构性改革为主线，大力发展先进装备制造业、新型原材料和现代农业，释放区域发展活力与动力。中部地区作为未来新型城镇化和新型工业化的主战场，要打造成为国家现代化经济增长的新动能区域。东部地区要以创新为引领，积极培育新动能、新经济和新业态，带动全国经济现代化。京津冀协同发展关键是疏解北京非首都功能，以高标准建设雄安新区和城市副中心；长江经济带发展要注重推进生态保护实现经济的高质量发展；粤港澳大湾区建设要有序推动三地规则互相衔接，促进香港、澳门融入国家发展大局；实施长三角一体化发展战略，要提高政策协同，以一体化的思路和

---

① 参见《习近平在听取京津冀协同发展专题汇报时强调：优势互补互利共赢扎实推进，努力实现京津冀一体发展》，《人民日报》2014年2月28日。

举措打破行政壁垒，建立高质量发展样板区。此外，还应推动黄河流域生态保护和高质量发展，以及坚持陆海统筹，发展海洋经济，建设海洋强国。

### （三）实现经济和社会的协调发展

保持经济增长和社会发展的协调是促进社会可持续发展的应有之义，只有社会平稳和谐才能为深化改革推动经济增长创造稳定的宏观环境。这一观点也深刻体现了唯物辩证法普遍联系的基本原理。经济持续发展与社会事业的稳定发展是高度统一的，如果没有经济发展做基础，社会事业的改善就缺乏物质保障，社会发展就不可持续；如果不注重改善民生，经济发展也必然受到制约。

改革开放以来，我国经济取得了快速增长，实现了"中国奇迹"，各项民生事业也取得瞩目成就，但是在未来的发展中，社会事业的发展仍面临诸多的挑战。要实现经济社会协调发展首先要保障低收入群体的基本生活，"对各类困难群众，我们要格外关注、格外关爱、格外关心，时刻把他们的安危冷暖放在心上，关心他们的疾苦，千方百计帮助他们排忧解难"。[①] 要通过改革的办法，加强制度建设，着力解决当前社会保障制度中存在的突出矛盾和问题，完善各项制度，如社会化养老体系、医疗保险体系、失业保险等，提高各项社会保障制度对城乡居民的覆盖率。充分调动劳动者的积极性并不断提高工资性收入，拓宽城乡居民的收入来源渠道，要综合运用多种手段，调节好收入分配关系，维持社会的公平正义，处理好效率和公平的关系。

---

① 习近平：《做焦裕禄式的县委书记》，中央文献出版社 2018 年版，第 15—16 页。

### （四）推动物质文明和精神文明协调发展

改革开放之初，我们党就高度重视物质文明建设和精神文明建设，确立了"两手抓，两手都要硬"的战略方针。[①] 党的十八大以来，以习近平同志为核心的党中央也高度重视精神文明建设，强调："实现中华民族伟大复兴的中国梦，物质财富要极大丰富，精神财富也要极大丰富。我们要继续锲而不舍、一以贯之抓好社会主义精神文明建设，为全国各族人民不断前进提供坚强的思想保证、强大的精神力量、丰润的道德滋养。"[②] 并提出要以"辩证的、全面的、平衡的"观点正确处理物质文明和精神文明的关系，只有推动经济发展与精神文明建设协调统一，增强国家物质力量和精神力量，改善人民物质生活和满足人民精神生活需要，才能全面推进社会主义事业建设。

新时代，推动"两个文明"协调发展，必须坚持"两手抓，两手都要硬"，坚持以人民为中心的工作导向，坚持社会效益和经济效益相统一的基本原则，在推动经济发展的同时，更加重视精神和信仰的力量，保障发展的持续、稳定、和谐。

提高精神文明发展，要坚持社会主义先进文化的前进方向，坚持用中国梦和社会主义核心价值观凝聚共识、汇聚力量，加强思想道德建设，增强国家意识、法治意识、社会责任意识，向社会传导正确的价值取向，坚持价值观自信。在新的发展阶段加强精神文明建设也要努力展现中华民族优秀的传统文化。中华优秀传统文化是中华民族的精神血脉，也是我们在世界文化中扎根的坚定基石。要

---

① 参见中共中央文献研究室：《邓小平关于建设有中国特色社会主义的论述专题摘编》，中央文献出版社 1992 年版，第 137 页。

② 《习近平谈治国理政》第二卷，外文出版社 2017 年版，第 323 页。

继承和传播传统优秀文化，广泛开展中华优秀传统文化宣传普及活动，推动中华文化与当代文化相适应，与现代文化相协调，推动中华文化走出去，讲好中国故事，传播好中国声音。

### （五）全面推进以人为核心的新型城镇化

新型城镇化贵在突出"新"字、核心在写好"人"字。新型城镇化建设不仅是表面的城市建设，更重要的是突出以人为本，习近平总书记强调，城市是人民的，城市建设要坚持以人民为中心的发展理念，让群众过得更幸福。要让更多人民群众享有更高品质的城市生活，提升人民群众的获得感、幸福感、安全感。这一论述深刻揭示了新时代我国城市建设的宗旨和目标，深刻阐明了新型城镇化建设的方向。根据《中华人民共和国 2022 年国民经济和社会发展统计公报》，我国城镇常住人口城镇化率为 65.22%，比上年末提高 0.50 个百分点。但是也要看到我国城镇化质量不高，户籍城镇化率与常住人口城镇化率之间还有较大差距。以新型城镇化带动投资和消费需求，推动城市群、都市圈一体化发展体制机制创新对于有力支撑和扩大内需、促进产业升级、提高劳动力生产率具有重要的现实意义。围绕提升城镇化质量和水平，统筹用好各方力量，尤其是充分利用政府"四两拨千斤"的撬动作用，对增强经济发展动能、满足人民群众对美好生活的向往具有重大意义。

推进新型城镇化，就是要统筹兼顾好人与城、乡与城的关系，秉承以人民为中心的发展思想，把人民群众的根本利益当作城镇化的出发点和落脚点。我国城镇化发展的重要任务是解决已经转移到城镇就业的农业转移人口落户问题，有序推进农业转移人口市民化。深化户籍制度改革，在已推出的放松大城市落户政策的基础上继续推进户籍制度改革，构建更完善的社保体系，创造更多更好的就业机会和发展环境，努力提高农业转移人口融入城镇的条件和能力，让他们享受与城市居民同等的社保、住房、教育等公共服务。

在推进城镇化过程中要提高城镇化管理和城镇建设水平。在住房上，要降低农业转移人口在城市安居的门槛，避免高房价成为制约城镇化质量的"硬门槛"。加大二线城市住房的支持力度，创新金融支持工具，强化土地制度创新，使二线城市房价得到控制，加快建设面向农民工的公共租赁住房，提升住房保障水平，促进农民工等重点群体深度融入城市。在城市建设上，要综合统筹城市布局的经济需要和生活需要，围绕城市空间品质和功能的提升，开展城市更新行动，推进老旧小区改造，改善居民生活环境；推进旧城区城市更新，有效化解中心城区人口功能过密问题，加大基础设施改造力度，不断完善教育、医疗、健康等各类公共服务，满足居民新型消费需求；坚持巩固生态环境保护成果，打造生态宜居、生活便利的新城区；依托中心城市建设现代化都市圈，通过产业集聚、提升商业物流、餐饮住宿、文体休闲等设施，加快建设新型基础设施，提升区域价值；推进以县城为重要载体的城镇化建设。在推进以人民为中心的新型城镇化中，县域经济发挥着重要作用。县域经济是城市之尾，乡村之首，是城乡融合发展的关键联结点，是实现现代公共服务城乡贡献的枢纽，是新型城镇化的着力点和新增长点。现阶段我国县域建设总体滞后，对医疗、教育等公共服务供给总量不足、质量不高，人居环境与实际民生需求之间仍存在一定的缺口，通过补齐县域经济短板强化弱项建设，建立县域消费中心，完善县域产业平台配套设施，推动县域适应新一轮产业转型要求，进一步满足"小镇青年"等消费需求，不断催生有效投资和消费。

# 三、推动绿色发展

"不谋万世者，不足谋一时；不谋全局者，不足谋一域。"绿色发展既是当今世界主要的发展潮流，也是指导我国今后发展的重要理念。以习近平同志为核心的党中央始终如一坚持绿色发展理念，深入改善民生。从提出"绿水青山就是金山银山"的重要论断，到党的十八大将"建设社会主义生态文明"写入党章作为行动纲领，到把生态文明建设作为统筹推进"五位一体"总体布局和协调推进"四个全面"战略布局的重要内容，党的十八届五中全会正式提出"绿色发展理念"，全面部署和启动"美丽中国"建设，把污染防治纳入三大攻坚战，把坚持人与自然和谐共生纳入新时代坚持和发展中国特色社会主义基本方略，党的十九大对生态文明建设赋予了更加丰富的内涵。从十九大报告中的表述来看，在生态系统层面，强调"坚持人与自然和谐共生"，"必须树立和践行绿水青山就是金山银山的理念"；在建设目标层面，强调"生态环境根本好转"，"把我国建成富强民主文明和谐美丽的社会主义现代化强国"；在社会制度层面，强调"坚持党的领导"，"坚持以人民为中心"，坚定不移"走中国特色社会主义道路"；在体制机制层面，强调"推进绿色发展"，"构建政府为主导、企业为主体、社会组织和公众共同参与的环境治理体系"，"实行最严格的生态环境保护制度"，建立环境管控长效机制；在措施任务层面，强调"像对待生命一样对待生态环境"，"坚持节约资源和保护环境的基本国策"，"形成绿色发展方式和生活方式"；在理论体系层面，强调理论自信，完善中国特色社会主义理论体系，构建中国特色社会主义生态文明理论。党的二十大强调要推进美丽中国建设，坚持山水林田湖草沙一体化保护和系统治理，统筹产业结构调整、污染治理、生态保护、应对气候变化，协同推进降碳、减污、扩绿、增长，推进生态优先、节约集约、绿色低碳发展。这些举措推动着中国绿色发展生态文明建设迈上新台阶。习近平总书记成为当代中国绿色发展之路的倡导者和引路人，逐渐形成了"坚持人与自然和谐共生"的自然观，"绿水青山就是金山银山"的发展观，"建设美丽中国全民行动"的共治观，"共谋全球生态文明建设"的全球观等一系列科学论述，引领着中国走向持续发展，开启生态文明的新时代。

### （一）坚持人与自然和谐共生

绿色发展，就其要义来讲，是要解决好人与自然和谐共生的问题。人类发展活动必须尊重自然、顺应自然、保护自然，否则就会遭到大自然的报复，这个规律谁也无法抗拒。马克思曾经指出，自有人出现以来的历史都是"人化自然"的历史。自然，不仅有其自在性，同时也有其深刻的人化性特征，人与自然之间必然处于相互影响、相互制约的"共生"状态之中。[①] 一方面，人类的生存发展必须从自然中获取生产生活资料；另一方面，人类对自然资源的开采利用必须控制在生态阈值范围内，要"取之有度，用之有节"，不能超出生态环境和自然资源的容许范围，否则就会受到自然的惩罚，对此，恩格斯早在 100 多年前的《自然辩证法》中就曾深刻地指出："我们不要过分陶醉于我们人类对自然界的胜利。对于每一次这样的胜利，自然界都对我们进行报复。每一次胜利，起初确实取得了我们预期的结果，但是往后和再往后却发生完全不

---

① 参见林艳梅：《绿色发展的四个特质》，《学习时报》2020 年 7 月 6 日。

同的、出乎预料的影响，常常把最初的结果又消除了。"① 总之，人因自然而生，人与自然是一种共生关系，对自然的伤害最终会伤及人类自身。只有尊重自然规律，才能有效防止在开发利用自然上走弯路。

实现绿色发展的前提就是要捋顺人与自然的关系，"我们要构筑尊崇自然、绿色发展的生态体系。人类可以利用自然、改造自然，但归根结底是自然的一部分，必须呵护自然，不能凌驾于自然之上。"② 首先要将人与自然和谐发展的绿色发展理念贯彻到国民经济和社会发展的整体中，坚持生态规律优先、生态保护优先和生态效益优先的基本原则，充分调动社会各方面积极性，从政府或企业的单方面行为到促进全社会共同努力，在改善自然环境的同时，实现人口素质的提高和经济增长模式的转变，形成人与自然和谐发展的社会氛围，这就要求转变以往"高污染，高耗能"的生产方式，促进产业结构向"绿色化"方向优化升级，大力开展美丽乡村、宜居城市建设。特别是在以人为核心的新型城镇化建设过程中，"要体现尊重自然、顺应自然、天人合一的理念"。要建立和完善生态环境保护相关的法律法规体系，建立健全促进经济社会绿色发展的各项规章制度，将"绿色化"纳入法制化、制度化建设。牢固树立保护生态环境就是保护生产力、改善生态环境就是发展生产力的理念，不以牺牲环境为代价去换取一时的经济增长。党的十八大以来，习近平总书记多次表示，不再简单以国内生产总值增长率论英雄，而是强调以提高经济增长质量和效益为立足点。

---

① 恩格斯：《自然辩证法（节选）》，见《马克思恩格斯文集》第9卷，人民出版社2009年版，第559—560页。
② 习近平：《在联合国成立70周年系列峰会上的讲话》，人民出版社2015年版，第18页。

## （二）坚持"绿水青山就是金山银山"理念

2005 年 8 月 15 日，时任浙江省委书记的习近平同志，站在历史发展的角度，以生动的地方实践，创造性提出"绿水青山就是金山银山"的科学论断。实践证明，经济发展不能以破坏生态为代价，生态本身就是经济，保护生态就是保护生产力。绿水青山是自然风景，金山银山是财富的象征。事实上，经济发展和生态文明建设是辩证统一的关系。一方面，发展是前进方向，是解决一切问题的基础，生态环境问题是在发展中产生，也必然在发展中解决，通过建立以实现生态产品价值为导向的政策机制，推进"绿水青山"从生态资源到生态资产的转化，可以实现生态环境的经济价值。另一方面，良好的生态环境本身即是最公平的公共产品和最普惠的民生福祉，最终也是生产力和宝贵财富。通过构建良好的生态文明体系，遵循可持续发展原则，加快补齐生态环保等领域短板，提供优质生态产品，促进经济社会可持续发展，推进现代化建设。

实现绿色发展，践行"绿水青山就是金山银山"的指导思想，要求我们坚持资源节约集约和环境保护，依托生态环境优势发展绿色产业。生态环境既是生产力要素之一，良好的生态环境也会增加对其他生产要素的吸引力和凝聚力。用良好的生态环境吸引高科技人才与以高新技术为核心的现代产业，将带来更多的发展机遇，经济发展潜力也随之得到提升，绿水青山会源源不断地带来金山银山。坚定走生产发展、生活富裕、生态良好的文明发展道路，当务之急是要扭转发展的传统惯性思维，注重转变发展方式，从生产源头开始推动产业"绿色转身"，着力发展低碳生态工业、高效生态农业、新型生态服务业、循环经济，要因地制宜，坚持特色化发展方式，"宜工则工，宜农则农，宜开发则开发，宜保护则保护"。

"因地制宜选择好发展产业，让绿水青山充分发挥经济社会效益，切实做到经济效益、社会效益、生态效益同步提升，实现百姓富、生态美有机统一。"① 同时要发挥政府在绿色低碳消费中的示范引领作用，推广绿色政府，要让领导干部树立绿色发展执政观、政绩观。习近平总书记强调，生态环境保护能否落到实处，关键在领导干部，要落实领导干部任期生态文明建设责任制，实行自然资源资产离任审计，认真贯彻依法依规、客观公正、科学认定、权责一致、终身追究的原则，明确各级领导干部责任追究情形。绝不以牺牲环境、浪费资源为代价换取一时的经济增长，实现经济社会发展与生态环境保护的共赢。

### （三）推动美丽中国建设

习近平总书记指出，"走向生态文明新时代，建设美丽中国，是实现中华民族伟大复兴的中国梦的重要内容"，"建设生态文明，关系人民福祉，关乎民族未来"。"美丽中国"就是按照生态文明要求，通过建设资源节约型、环境友好型社会，实现人与自然、人与人之间的和谐美好，包括清洁环境的自然之美，辉煌璀璨社会文明的人文之美，爱护自然、尊重自然、友好和睦的行为之美等多重含义。② 建设美丽中国顺应了人民对美好生活的新期待，集中体现了绿色发展的目标，进一步弘扬了马克思主义生态思想的人本精神。

优美环境既是建设美丽中国的重要目标，也是美丽中国的显著标志。但是由于资源消耗过大、环境污染严重的问题日益突出，水危机事件频繁发生，土壤污染累积风险凸显，"雾霾"频繁来袭，

---

① 转引自徐伟新等：《中国新常态》，人民出版社 2015 年版，第 85 页。
② 参见本报评论员：《以绿色发展构建美丽中国》，《人民日报》2013 年 3 月 3 日。

能源资源相对不足，生态环境承载能力不强，已经成为我国的一个基本国情，过去那种粗放的发展方式已经难以持续，人民群众对于生态问题的不满越发强烈。在2018年全国生态环境保护大会上，习近平总书记指出，当前生态环境保护虽已发生了历史性、转折性和全局性的变化，但随着社会主义现代化建设进入新时期，生态文明建设正进入压力叠加、负重前行的"关键期"，提供更多优质生态产品以满足人民日益增长的优美生态环境需要的"攻坚期"，以及有条件有能力解决生态环境突出问题的"窗口期"，三期叠加意味着建设生态文明的紧迫性不断加强，推进的难度日益提升。[1]"山清水秀但贫穷落后不是美丽中国，强大富裕而环境污染同样不是美丽中国。"[2]"生态环境保护是功在当代、利在千秋的事业"，要"像保护眼睛一样保护生态环境"。[3] 践行绿色发展的理念，就需要立足平衡发展需求和资源环境有限供给之间的矛盾，着力解决当前生态环境保护的突出问题，推进生态文明建设。

推动美丽中国建设必须构建系统完备、科学规范、运行高效的制度体系，使制度成为保障生态文明持续健康发展的重要条件。一是要健全自然资源资产的产权制度，对自然生态空间包括土地、森林、山岭、水流、草原、荒地、滩涂等明确产权关系，形成归属明晰、权责明确、监管高效的自然资源资产产权制度，使市场在资源配置中起决定性作用，更好发挥政府作用，提高资源配置效率；二是创新自然资源资产管理体制，明确和落实主体责任，确保管理体制高效运转，推动治理体系和治理能力现代化目标实现；三是科

① 参见李萌、潘家华：《推动生态文明建设迈上新台阶　开创美丽中国建设新局面》，《环境保护》2018年第11期。
② 全国干部培训教材编审指导委员会：《建设美丽中国》，人民出版社、党建读物出版社2015年版，第89页。
③ 《习近平谈治国理政》第二卷，外文出版社2017年版，第395页。

学、合理规划国土空间开发与治理。习近平总书记指出："国土是生态文明建设的空间载体。要按照人口资源环境相均衡、经济社会生态效益相统一的原则，统筹人口分布、经济布局、国土利用、生态环境保护，科学布局生产空间、生活空间、生态空间，给自然留下更多修复空间，给农业留下更多良田，给子孙后代留下天蓝、地绿、水净的美好家园。"[①]

### （四）共谋全球生态文明建设

绿色是人类共同的价值诉求，"没有哪个国家能够独自应对人类面临的各种挑战，也没有哪个国家能够退回到自我封闭的孤岛。"随着经济全球化，生态问题国际化趋势日益明显，国际生态规则正面临深刻变革。作为重要的参与者、贡献者和引领者，我国主动适应生态全球化的趋势，积极推动生态绿色外交和绿色国际合作，促进全球生态治理体系的建立，推进全球可持续发展的加速转型，为建设绿色世界贡献智慧和力量。如中国推进了《巴黎协定》的达成和生效，在全球应对气候变化的进程中也起到了引领作用，为提升全球治理水平探索出了新的模式。积极履行国际生态环境领域相关公约，推进绿色"一带一路"建设。成功举办2019年世界环境日全球主场活动。率先发布《中国落实2030年可持续发展议程国别方案》。联合国环境署发布《绿水青山就是金山银山：中国生态文明战略与行动》报告，首次以联合国政府间组织视角向世界介绍生态文明理念与实践。中国作出关于碳达峰和碳中和愿景的重大宣示，进一步宣布中国国家自主贡献最新举措，为全球气候治理提振雄心并提供新思路，在全球大国治国理政实践中独树一帜，

---

① 《习近平关于全面建成小康社会论述摘编》，中央文献出版社2016年版，第166页。

展现了中国重信守诺负责任的大国形象，彰显了中国特色、战略眼光和世界价值，彰显了习近平生态文明思想的世界意义。①

绿色已经成为世界发展的潮流和趋势。绿色关系全人类的福祉和未来，也孕育着世界发展的历史性机遇。建设生态文明社会，应对气候变化，不论是发达国家还是欠发达国家都不能独善其身，需要各国以对人类共同负责和人类间相互包容的精神，秉持平等、互助、合作、共赢的宗旨，以改革促创新，以创新引领绿色产业、绿色城市和绿色消费的发展，实现各国绿色发展，携手迈向生态文明新时代。绿色发展只有起点没有终点，我们在建设美丽中国的同时，还将携手世界各国，共同维护全球生态安全，共同建设天蓝、地绿、水净的美丽世界，共享绿色发展之繁荣，走向生态文明新时代。习近平主席在国内和国际论坛上多次强调，"中国将继续承担应尽的国际义务，同世界各国深入开展生态文明领域的交流合作，推动成果分享，携手共建生态良好的地球美好家园。"②

## 四、实行高水平对外开放

对外开放是中国特色社会主义制度的重要特征。2020年8月，习近平总书记在经济社会领域专家座谈会上进一步指出：对外开放是基本国策，我们要全面提高对外开放水平，建设更高水平开放型经济新体制，形成国际合作和竞争新优势。习近平总书记多次讲话都彰显出中国坚持开放的决心，表明高水平开放是推进高质量发展的巨大动力所在。在国际环境日趋复杂、不稳定性不确定性明显增

---

① 参见黄润秋：《坚持"绿水青山就是金山银山"理念 促进经济社会发展全面绿色转型》，《学习时报》2021年1月15日。

② 《习近平谈治国理政》第一卷，外文出版社2018年版，第212页。

加的大背景下，实行高水平对外开放，充分运用人类社会创造的先进科学技术成果和有益管理经验是国家发展壮大的重要条件。新的发展阶段，在新发展理念指引下，以高水平对外开放打造国际合作竞争新优势，推动形成以国内大循环为主体、国内国际双循环相互促进的新发展格局，将是我国国民经济和社会发展的关键举措。

习近平总书记指出："我们今天开放发展的大环境总体上比以往任何时候都更为有利，同时面临的矛盾、风险、博弈也前所未有。"[1] 未来的开放发展，必须坚持实施更大范围、更宽领域、更深层次对外开放，依托我国大市场优势，促进国际合作，实现互利共赢。建设更高水平开放型经济新体制，推动共建"一带一路"高质量发展，积极参与全球经济治理体系改革。[2] 顺应中国经济深度融入世界经济的趋势，提高中国在全球经济治理中的制度性话语权。

## （一）坚持互利共赢的开放战略，构建更高水平开放型经济体制机制

建立新型国际关系，在经济上要求中国坚持互利共赢的开放战略，不断创造更全面、更深入、更多元的对外开放格局。《中共中央 国务院关于构建开放型经济新体制的若干意见》对互利共赢的开放战略提出了指导意见并进行了具体部署。其内容主要包括：坚持互利共赢的开放战略，需要坚持"引进来"和"走出去"相结合，坚持与世界融合和保持中国特色相统一，坚持统筹国内发展和参与全球治理相互促进，坚持把握开放主动权和维护国家安全。

---

[1] 《习近平谈治国理政》第二卷，外文出版社 2017 年版，第 213 页。
[2] 参见《中共中央关于制定国民经济和社会发展第十四个五年规划和二〇三五年远景目标的建议》，《人民日报》2020 年 11 月 4 日。

还需要主动适应经济发展新常态，并与践行和实施"一带一路"倡议和国家外交战略紧密衔接，科学布局，选准突破口和切入点，发挥社会主义制度优势，把握好开放节奏和秩序，扬长避短、因势利导、有所作为、防范风险、维护安全，积极探索对外经济合作新模式、新路径、新体制。①

坚持互利共赢是中国的战略选择，也是中国坚持和平发展道路的必然要求。随着中国经济实力不断增强，国际地位显著提高，一些人提出了所谓"中国威胁论"，担心中国会走"国强必霸"的路子，对此，习近平总书记深刻指出，中国的发展得益于国际社会，也愿为国际社会提供更多公共产品。中国倡导新机制新倡议，不是为了另起炉灶，更不是为了针对谁，而是对现有国际机制的有益补充和完善，目标是实现合作共赢、共同发展。中国对外开放，不是要一家唱独角戏，而是要欢迎各方共同参与；不是要谋求势力范围，而是要支持各国共同发展；不是要营造自己的后花园，而是要建设各国共享的百花园。

随着全球经贸规则加速重构，国际贸易规则竞争日趋加剧，在此背景下，制度型开放成为我国扩大开放的鲜明特征，加快推进制度型开放成为建设更高水平开放型经济新体制的重大任务。推进制度型开放关键是要适应国际经贸规则重构新趋势，构建外贸可持续发展新机制，更大程度上促进规则、标准、制度等与国际接轨。一是要以服务贸易为重点任务，加快补齐我国服务贸易发展的突出短板，构建更高层次开放合作新格局。提升我国知识产权、金融等生产性服务贸易以及旅游、教育等生活性服务贸易的国际竞争力。要全面实行准入前国民待遇加负面清单的管理制度，大幅度放宽

---

① 参见《中共中央　国务院关于构建开放型经济新体制的若干意见》，《人民日报》2015 年 9 月 18 日。

市场准入，扩大服务业市场开放。二要坚持"引进来"和"走出去"并重。推动更高水平的开放经济，必须实现高质量引进来和高水平走出去相结合，着力提高引资质量，优化引资结构。建立"走出去"新体制，推进境外投资便利化，创新对外投资合作方式，健全"走出去"服务保障体系。[①] 坚持引资和引技引智并举。同时建立"走出去"金融支持体系，进一步扩大金融业开放，完善汇率形成机制和外汇管理制度，以及有序推进人民币国际化。三要高举贸易开放的旗帜，实行高水平的贸易自由化便利化政策，赋予自由贸易试验区更大改革自主权，探索建设自由贸易港。依托我国大市场优势，促进产业项下的自由贸易政策、框架协议、贸易和投资协定等多种方式务实举措，以构建双边、多边自由贸易区为重大举措，增强国内国际经济联动效应。同时，也要健全贸易摩擦应对机制。四要建立健全开放型经济安全保障体系。加强对外开放的安全工作，在扩大开放的同时，坚持维护中国核心利益，建立系统完备、科学高效的开放型经济安全保障体系，健全体制机制，有效管控风险，切实提升维护国家安全的能力。具体措施包括：完善外商投资国家安全审查机制，建立"走出去"风险防控体系，构建经贸安全保障制度，健全金融风险防控体系。

## （二）积极参与全球治理体系改革和建设，加强全球经济治理制度性话语权

在实施对外开放的早期，中国在经济全球化中主要是充当参与者、融入者、跟随者的角色，遵循已有的国际规则，如今，中国成

---

[①] 参见《中共中央　国务院关于构建开放型经济新体制的若干意见》，《人民日报》2015 年 9 月 18 日。

为世界第二大经济体和世界经济增长重要引擎，与其在世界经济中占有的份额相比，我国对外开放水平总体还不高、国际制度性话语权还不够强，对此，习近平总书记指出，中国要抓住机遇、顺势而为，提高中国在全球经济治理中的制度性话语权，推动国际秩序朝着更加公正合理的方向发展，更好维护中国和广大发展中国家共同利益，为实现"两个一百年"奋斗目标、实现中华民族伟大复兴的中国梦营造更加有利的外部条件，为促进人类和平与发展的崇高事业作出更大贡献。当前，世界经济进入深度调整期，全球面临的风险挑战日益增加，国际社会对推动全球治理体系变革的呼声越来越高。面对外部环境新形势，中国要主动作为，彰显我国大国担当，以平等、开放、透明、包容的精神，充当经济全球化的建设者、推动者和引领者，积极参与国际规则制定，推动完善更加公正合理的全球经济治理体系。

同时，我国也应积极参与全球治理公共事务，为全球治理良性发展贡献自己的力量。近年来，我国通过组织召开重大国际活动，有效增强了全球治理规则制定权、议题设置权、话语阐释权。进一步提高我国在全球经济治理中的制度性话语权，重点在于提高我国参与全球治理的能力，包括增强规则制定能力、议程设置能力、舆论宣传能力、统筹协调能力，也包括培养一大批熟悉党和国家方针政策、了解我国国情、具有全球视野、熟练运用外语、通晓国际规则、精通国际谈判的专业人才和加强全球治理人才队伍建设，突破人才瓶颈，做好人才储备，为我国参与全球治理提供有力人才支撑。

### （三）推进共建"一带一路"高质量发展

2013年9月和10月，中国国家主席习近平在出访中亚和东南亚国家期间，先后提出共建"丝绸之路经济带"和"21世纪海上丝绸之路"（以下简称"一带一路"）的重大倡议，得到国际社会高度关注。经过十年发展，共建"一带一路"从夯基垒台、立柱架梁到落地生根、持久发展，已成为开放包容、互利互惠、合作共赢的国际合作平台和国际社会普遍欢迎的全球公共产品。十年来，共建"一带一路"已在深化各国政策沟通、推动全球互联互通、重塑国际贸易格局、拉动世界经济增长等方面发挥了重要作用。党的二十大报告提出，推动共建"一带一路"高质量发展。这为"一带一路"的发展再一次指明了方向。

1. 加强政策联通和发展战略合作是"一带一路"的基本保障

加强沿线政府间合作，推动规则、规制、管理、标准等制度型开放，向世界释放更多红利，积极构建多层次政府间宏观政策沟通交流机制。共同制定推进合作的规划和措施，协商解决合作问题。

2. 基础设施互联互通是"一带一路"建设的优先领域，也是提高贸易便利化的重要依托

要以尊重相关国家主权和安全关切为前提，继续高度重视基础设施投资和项目建设。加强共建国家的基础设施以及国际骨干通道建设，打通基础设施的瓶颈环节，构建枢纽性平台，"推动陆海天网四位一体联通，以'六廊六路多国多港'为基本框架，构建以新亚欧大陆桥等经济走廊为引领，以中欧班列、陆海新通道等大通道和信息高速路为骨架，以铁路、港口、管网等为依托的互联互通网络，打造国际陆海贸易新通道"。① 夯实项目所在国经济发展的

---

① 《中共中央关于制定国民经济和社会发展第十四个五年规划和二〇三五年远景目标的建议》，《人民日报》2020 年 11 月 4 日。

基础，促进相关国家便利参与全球分工、在更广范围配置资源。

3. 深化投资贸易合作是"一带一路"建设的关键举措

要拓宽贸易领域，优化贸易结构，建立健全服务贸易体系，消除投资和贸易壁垒，着力研究解决投资贸易便利化问题，营造良好的营商环境，深度挖掘贸易新增长点。

## 五、改善人民生活品质

在新发展阶段，要围绕改善人民生活品质来提升社会建设水平，提出"生活品质"问题，对于刚刚踏上全面建设社会主义现代化国家新征程的当代中国而言，具有重要的象征意义。在新发展阶段，要充分满足人民群众对美好生活的需要，切实改善人民生活品质，提高社会建设水平，必须做到提高人民收入水平、强化就业优先政策、推动各项公共服务均等化水平。

### （一）提高人民收入水平

收入是生活品质之源，改革开放以来，我国经济保持了较快的增长速度，居民收入水平持续提高，但由于种种原因，目前我国收入分配中还存在一些突出的问题，"主要是收入差距拉大、劳动报酬在初次分配中的比重较低、居民收入在国民收入分配中的比重偏低"[1]。特别是第四次工业革命的兴起，有可能扩大资本回报与劳动力回报之间的差距，进一步加剧收入不平等现象。据统计，2018年我国的基尼系数为 0.468，较 2017 年呈上升态势，收入分配差距在警戒线上。2020 年全国居民人均可支配收入中位数是 27540

---

[1] 《习近平关于全面建成小康社会论述摘编》，中央文献出版社 2017 年版，第 37 页。

元，比平均数（32189 元）低 16.8%；城镇居民人均可支配收入中位数 43834 元，是农村居民人均可支配收入中位数 17131 元的 2.56 倍。按照五等份划分的收入群体，高收入组人均可支配收入为 80294 元，是低收入组人均可支配收入 7869 元的 10.20 倍。2022 年全国居民人均可支配收入 36883 元，比上年增长 5.0%，扣除价格因素，实际增长 2.9%。全国居民人均可支配收入中位数 31370 元，增长 4.7%。按常住地分，城镇居民人均可支配收入 49283 元，比上年增长 3.9%，扣除价格因素，实际增长 1.9%。城镇居民人均可支配收入中位数 45123 元，增长 3.7%。农村居民人均可支配收入 20133 元，比上年增长 6.3%，扣除价格因素，实际增长 4.2%。农村居民人均可支配收入中位数 17734 元，增长 4.9%。城乡居民人均可支配收入比值为 2.45，比上年缩小 0.05。从以上数据可以看出，我国收入分配两极化还比较严重，从三次分配上着力提升人民收入水平，对于缩小收入差距，改善人民生活水平具有重要的现实意义。

提高人民收入水平，要完善收入分配制度，构建科学合理的分配体系。把收入分配的差距限制在合理范围内，进一步提高居民收入水平。坚定实施"按劳分配为主体、多种分配方式并存的基本分配制度，把按劳分配和按要素分配结合起来"，"提高劳动报酬在初次分配中的比重"，进一步完善工资制度体系，强化政府监督，保证工资制度执行与落实。针对不同收入群体差距的调节，尤其要注意增加低收入群体收入、扩大中等收入群体规模和调节过高收入群体的收入来缩小收入差距。由于中低收入群体在数量和规模上明显大于高收入群体，而且边际消费倾向明显超过高收入群体，所以，应重点通过提高中低收入群体的收入来扩大消费市场，逐渐形成中等收入群体为主的橄榄型收入分配结构。

在再分配方面，要处理好政府税收、企业利润、居民工资收入三者之间的分配关系，提高"一次分配"权重，实现"一次分配"向居民部门倾斜，持续推进"二次分配""三次分配"改革，保证再次分配的公平公正。根据国际经验，高收入国家的基尼系数显著低于中等收入国家，主要是通过再分配手段调节实现的。[①] 因此，有必要通过改革税收工具和方式、提高高收入群体税收比重、减少低收入者的税收负担，加大转移支付力度、完善社保制度等再分配方式持续完善收入分配体系。合理调节过高收入，取缔非法收入。

### （二）强化就业优先政策

就业是最大的民生，是生活品质之基。在新发展阶段，要实现更高质量和更充分就业，并在此基础上推动实现和谐体面的就业。在充分就业方面，要构建更完善的社保体系，创造更多更好的就业机会和发展环境，吸纳更多在城镇稳定就业的农民工成为中等收入群体。针对低收入人群和困难生活群体，要通过完善最低生活保障机制，合理增加教育、医疗等基本公共服务保障其正常生产生活，阻止贫困现象代际传递。通过在就业、升职等方面为贫困人口提供公平保障，稳定居民收入预期。针对新一代劳动者，要通过教育深化和均等化，加大对人力资本的培训力度，使其具备符合新时代要求的就业技能和创业能力，更高质量地参与劳动市场。政府要健全劳动关系协调机制，构建和谐劳动关系，同时发挥最后雇主职能，推动岗位创造，扩大招生规模和就业容量，用好失业保险基金结余，综合施策保就业，抵消劳动力市场失灵。

---

① 参见蔡昉：《实现共同富裕必须努力扩大中等收入群体》，《经济日报》2020年12月7日。

## （三）推动各项公共服务均等化水平

公共服务均等化是维持社会稳定的基石，也是人民群众安居乐业健康生活的重要保障。推动公共服务均等化要坚持以人民为中心的价值导向，以人民的需求为努力方向做好教育、医疗等各方面的基本保障。

建设高质量教育体系。坚持优先发展教育事业，从多维度多路径发展教育事业，要推动义务教育优质均衡发展，提高高等教育质量，增强职业教育技术教育适应性，提高人力资本水平。要形成多方协同机制共促教育发展，坚持学校与家庭、学校与社会、学校与学校以及学校内部各单位协同的合力育人机制。建立高水平现代教师教育体系，加强师德师风建设，提升教师教书育人能力素质，加强教师队伍尤其是乡村教师队伍建设，推进城乡教师交流。关注重点领域和重点地区的教育发展，推动普惠教育和特殊、专门教育均衡发展。

全面推进健康中国建设。习近平总书记指出，"要推动医疗卫生工作重心下移、医疗卫生资源下沉，推动城乡基本公共服务均等化，为群众提供安全有效方便价廉的公共卫生和基本医疗服务，真正解决好基层群众看病难、看病贵问题。"① 加快提高卫生健康供给质量和服务水平，大力发展养老、托幼服务以及大健康产业，解决人民群众关心的重大民生福祉问题。满足人民群众多层次多样化健康需求，积极应对人口老龄化，开发新的消费领域和经济增长点，满足人民群众更高的美好生活需要。同时，广泛开展全民健身运动，增强人民体质。推动体育产业高质量发展，不断满足体育消费需求。

---

① 《习近平关于协调推进"四个全面"战略布局论述摘编》，中央文献出版社2015年版，第43页。

# 第四章　贯彻新发展理念要更加注重共同富裕

共同富裕是社会主义的本质要求、应有之义；共同富裕是社会主义现代化的重要目标和广大人民群众的共同期盼。立足新发展阶段，贯彻新发展理念，构建新发展格局，开启全面建设社会主义现代化国家新征程，必须要始终坚持以人民为中心，必须始终把满足人民对美好生活的新期待作为发展的出发点和落脚点，切实解决广大人民群众的操心事、烦心事、揪心事。新发展阶段，要正确认识共同富裕是长期任务、现实任务，将共同富裕摆在更加重要的位置、突出的位置，在实现中国梦的过程中让改革发展成果更多更公平惠及全体人民，让广大人民群众不断增强实实在在的获得感、幸福感、安全感。

## 一、共同富裕是社会主义现代化的一个重要目标

共同富裕是千百年来中国人民的共同期待，是中国特色社会主义的内在要求，是中国共产党建党、立党的不懈追求，是实现中华民族伟大复兴中国梦、不断增强人民群众获得感、幸福感、安全感，促进中国特色社会主义事业兴旺发展的必由之路。作为社会主义现代化的重要目标，作为中国特色社会主义的根本原则，共同富裕是惠及全体人民的根本举措。扎实推动共同富裕，是中国共产党矢志不渝的奋斗目标；实现共同富裕，是中国人民的共同愿望。

### （一）共同富裕是中华民族的美好愿望

千百年来，中国老百姓一直保持着对小康社会、大同社会不懈的向往与追求，追求着和谐安定与生活富足。在中华民族传承发展的过程中，小康社会、大同社会所代表的理想社会有着广泛的群众基础、坚实的社会基础和厚重的文化基础，繁荣美好的共同富裕社会的吸引力不断推动着百姓群众开拓创新，推动历史车轮滚滚向前，推动着社会发展进步。也正是一代一代的中国老百姓为之不断奋斗、接力奋进，才使得共同富裕社会的代名词"小康社会""大同社会"的形象日渐丰满，共同富裕的宏伟蓝图日渐清晰。

无数先贤借笔书写了广大人民群众心中的期盼。不同历史阶段的中国老百姓对小康社会、大同社会的憧憬都是十分具体的、十分单纯的，都与所对应历史时期的社会环境十分贴切。在被奴役得厉害的奴隶制时代，老百姓对美好社会的向往即是能获得多一点的休息，不被压迫得那么厉害，"民亦劳止，汔可小康"。社会处于战

乱之中，老百姓想要的仅仅是休养生息。"大道之行也，天下为公，选贤与能，讲信修睦。故人不独亲其亲，不独子其子，使老有所终，壮有所用，幼有所长，鳏、寡、孤、独、废疾者皆有所养，男有分，女有归。货恶其弃于地也，不必藏于己；力恶其不出于身也，不必为己。是故谋闭而不兴，盗窃乱贼而不作，故外户而不闭，是谓大同。"老吾老以及人之老，幼吾幼以及人之幼，人们期盼的大同社会在一定意义上就是共同富裕社会，生活的衣食住行、养老育幼等等都有所保障，有所支撑。这就是人们的期待。

鸦片战争之后、中国共产党成立以前，中国人民对共同富裕的追求越来越迫切，也越来越乏力。面对西方列强的入侵和封建统治的腐败，饥寒交迫的中国人民无比渴望站起来，实现共同富裕，然而到头来都是徒劳，饱受打击的中国人民反抗无力，对未来的甚至第二天的生活都是悲观绝望的。然而，中国共产党的成立给中国人民带来了希望，为凋敝的中国带来了新气象。以全心全意为人民服务为宗旨的中国共产党成为中国人民的主心骨，他们相信中国共产党必然会带领各族人民奔向共同富裕。自此之后，历经大革命、土地革命战争、抗日战争、解放战争、抗美援朝、美帝国主义经济封锁等磨难，中国人民始终对中国共产党全心全意为人民服务的根本宗旨、团结带领各族人民奋进共同富裕的目标深信不疑。当然，中国共产党没有辜负中国人民的期盼，中国共产党庄严地兑现了一个又一个承诺。"打土豪、分田地"，实行"耕者有其田"，广大中国人民终于迈出了历史性富裕的第一步——有了真正属于自己的土地。新中国成立后，社会主义制度的确立在根本意义上确保了人民群众成为国家的主人，广大人民群众可以名正言顺地要求"共同富裕"，追求"共同富裕"。改革开放以来，中国共产党团结带领各族人民实施了大规模、有计划、有组织的扶贫开发，着力解放和发展社会生产力，着力保障和改善民生，取得了前所未有的伟大成就，中国人民的生活发生了翻天覆地的变化，生活日益富足。在中国共产党的坚强领导下，中华民族迎来了从站起来、富起来到强起来的伟大飞跃。小康不小康，关键看老乡。人民群众最怕的就是"贫穷"，最急愁的就是"贫穷"，最盼望的就是摆脱"贫穷"。最终，中国人民梦寐以求的贫困消除了，中国的脱贫攻坚战取得了全面胜利。近1亿农村贫困人口全部脱贫，800多个贫困县全部摘帽，十几万个贫困村全部出列，彪炳史册的人间奇迹就在中国共产党带领全国各族人民奋进共同富裕的道路上发生了。

共同富裕是社会主义现代化的一个重要目标，共同富裕是千百年来中华民族的美好愿望。中华民族多少年多少代的共同梦想在中国共产党的坚强领导下迈出了光耀史册的一大步。我们相信，在坚持"人民对美好生活的向往，就是我们的奋斗目标"的中国共产党的带领下，共同富裕美好愿景必将实现！

### （二）共同富裕是社会主义的本质要求

对于社会主义的本质这一问题，邓小平同志于1984年6月30日会见外宾时指出："社会主义要消灭贫穷。贫穷不是社会主义，更不是共产主义。"邓小平同志以一种否定的方式阐述了社会主义的本质——贫穷不是社会主义。在社会主义初期，随着探索才刚刚起步，人们对社会主义本质的认识还是一种普遍性的认识，一种形成于在马克思主义指导下、参考当时苏联和东欧社会主义建设的认识，此时关于社会主义本质的认识类似于马克思关于共产主义生活——"上午打猎，下午捕鱼，傍晚从事畜牧，晚饭后从事批判"的形象阐释。邓小平同志立足中国社会主义建设初期国家现状和人民生活实际情况，精准地提出了从一个社会发展阶段跨越到一个更高层级的社会发展阶段不应该有什么的判断。人民对美好生活的向往，在很大程度上都会观照社会现实及社会发展趋势，从而作出对社会本质的解读。社会主义社会是什么样的？我们很难没有任何疏漏地、一丝不差地去建造百分百社会主义的模型。但是社会主义不是什么，或者不应该是什么，是明确的，是不言而喻的。之所以明确，之所以清晰，是因为社会主义是社会发展的高级阶段，是优越于资本主义的。如果说封建主义是普遍贫穷，资本主义是较封建主义有了明显进步、存在贫穷并且两极分化极其严重，而社会主义作为优越于资本主义的社会形态，那么社会主义就不是贫穷也不能是贫穷，社会主义就得彻底消灭贫穷。正是在此意义上，邓小平提出了自己对于社会主义的本质的认识——贫穷不是社会主义，社会主义不是贫穷，也决不是贫穷。

贫穷不是社会主义，但是在探索社会主义建设过程中尤其是初期，短时间会存在贫困现象。如何消除贫困呢？邓小平同志在1992年南方谈话中强调："社会主义的本质，是解放生产力，发展生产力，消灭剥削，消除两极分化，最终达到共同富裕。"社会主义优于资本主义的重要原因就在于社会主义生产力与生产关系之间的切适性和契合性，资本主义落后于社会主义的根本原因就在于资本主义生产力与生产关系之间的矛盾，即生产社会化与资本主义生产资料私有制之间的矛盾。在社会主义社会，生产力发展的束缚远远少于资本主义社会中的生产力所受到的束缚。生产力在社会主义社会阶段发展的深度、广度、速度都远远超过资本主义的阶段，这就为消除贫困奠定了根本的物质条件，保障了社会主义社会消除贫困的"能"。社会主义建设实践多次证明了这一点：苏联经过短短十几年的社会主义建设，综合实力便可以比肩一两百年资本主义发展历史的英国、法国、德国、日本，一度赶超了资本主义发展的典范——美国，与美国在各个方面"掰掰手腕"。当然，中国在中国共产党的带领下确立了社会主义制度、走上社会主义道路后，短短几十年间，中国特色社会主义建设实现了超英赶美，在当今世界各国之中坐稳了"第二把交椅"。所以说，社会主义的本质，首先要消除贫困，就是解放生产力，发展生产力。中国特色社会主义当前已经超前完成了脱贫攻坚战，亿万人口的全面脱贫已然证明了社会主义生产力的先进性！

资本主义社会生产力的发展虽然不是停滞，也是在慢慢发展中，但却是一种畸形的发展。这种生产力畸形的发展也在源源不断地创造财富，只是社会财富越来越集中到少部分人手里，富人变得越来越富有，穷人变得越来越贫困。据美国媒体调查报道，当前美国1%的人坐拥的财富几乎是中产和中上阶层总和。这个是什么概念呢？这就相当于一个十万、百万数量的蚁群里有一种大象，这个大象的体重加起来比数万只、百万只蚂蚁的重量还重。蚁群中出现一只大象并不是好事，大象降临在蚂蚁群中是灾祸。为什么呢？一方面，存在明显的差距，十万只、百万只蚂蚁都敌不过一只大象，大象可以为所欲为；另一方面，在这种情况下，大象的生存是靠着数万甚至数百万只蚂蚁供养保障的。一边是体积壮硕，一边是小不可言，现实中剥削的"破坏力"呈现吓坏人的节奏。一个比尔·盖茨的财富抵得上一个贫困国家亿万人口的财富，一小撮比尔·盖茨式的富豪控制了美国绝大部分的财富，这是一种"夸张"的现实，更是一种"可悲"的现实。资本主义解决不了这种"差距"，或者说资本主义从一开始就坚决鼓励这种差距的存在，并且还想方设法为这种"差距"和"分化"创造条件。可想而知，终有一天"蚂蚁"承受不住剥削、供养不起大象过后，解决的办法就是崩塌，最终的结果就是毁灭。

中国特色社会主义建设事业的蒸蒸日上和非凡成就是历史上社会主义本质的最好解读范本。中国特色社会主义建设事业，就是在中国共产党的坚强领导下，不断满足人民对美好生活向往的奋斗事业、携手全国各族同胞不断实现伟大复兴中国梦的圆梦事业、面向世界展现社会主义开创共同富裕的光辉事业。习近平总书记在十八届中央政治局第一次集体学习时的讲话中指出："共同富裕是中国特色社会主义的根本原则，所以必须使发展成果更多更公平惠及全体人民，朝着共同富裕方向稳步前进。"① 中国共产党带领全国各族人民坚定走中国特色社会主义道路，除了最终实现共同富裕，没有别的目的。70 多年来，中华民族迎来了从站起来、富起来到强起来的伟大飞跃，各族人民实现了社会发展成果的共享，人民对美好生活的向往接连不断实现。尤其是中国特色社会主义进入新时代以来，人民的幸福感、获得感、安全感稳步提升，人民对"四个意识""四个自信"的认同感越来越高，人民对以习近平同志为核心的党中央坚持"以人民为中心"的治国理政高度赞扬。中国共产党 100 多年的奋斗史简单概括就是"全心全意为人民服务，消除贫困，改善民生逐步实现共同富裕"。这是社会主义的本质要求，这是全体人民的共同期盼，真理指引，历史见证！

共同富裕是社会主义的本质要求，中国共产党以人民为中心的治国理政理念和全心全意为人民服务的根本宗旨同社会主义的本质十分一致。中国共产党将实现共同富裕视作关乎党的执政基础的重大政治问题，将"团结带领全党全国各族人民，继续解放思想，坚持改革开放，不断解放和发展社会生产力，努力解决群众的生产生活困难，坚定不移走共同富裕的道路"视作自己不变的责任。

---

① 《习近平谈治国理政》，外文出版社 2014 年版，第 13 页。

共同富裕是社会主义的本质要求，在中国共产党的坚强领导下，全体人民在共建共享发展中将会有更多获得感、满足感、幸福感，朝着共同富裕方向稳步前进。

### （三）共同富裕是中国发展的必由之路

大家都知道一个道理：如果道路选错了，即使是坐着神舟五号飞船也回不了家。"路对家"是回家的先决条件。一个国家的未来和出路，如果在道路问题上举棋不定，"东一榔头，西一棒槌"地试试，那么这个国家衰败甚至灭亡的结局已经注定。可以说，道路问题是最根本的问题，决不能含糊，决不能改旗易帜。

判定一条路前途是否光明的标准是什么？或者说如何才能选择一条正确的出路呢？是选择近处繁花似锦、唾手可得的利益，远处曲折反复、云山雾绕的道路，还是选择虽近处荆棘遍布、需下大力气艰苦奋斗，但是前途光明、春光灿烂的道路？历史上诸多国家、政党面对这道选择题给出了自己答案。选择第一条道路的，结局大都是暗淡收场；选择第二条道路的，砥砺奋进后事业蒸蒸日上。第一条道路行不通的原因在于繁花似锦的道路风光不能"共享"。近处利益固然唾手可得，然而随着道路的延伸，没有积累，利益会越来越少，发展成果不能被广大人民群众共享，"吃苦还在后头"，必然会产生两极分化，导致社会分裂，促使国家崩溃。而第二条道路近处荆棘满布却是康庄大道，广大人民群众同拼搏、共奋斗，披荆斩棘，使得社会发展成果全民共创、全民共得、全民共享。中国特色社会主义道路就是这样一条光明的道路！中国广大人民群众选择了中国共产党，中国共产党团结带领各族人民坚定地走全体人民共同富裕之路，斯路之正确，全民共笃定！

"千年思想家"马克思曾高度评价过资本主义在社会进步中的历史性功绩，然而却又对之充满厌恶，"资本来到世间，从头到脚，每个毛孔都滴着血和肮脏的东西"。为什么会有如此大的反差呢？资本主义崇拜"赚钱是天职"的财富观，引导人们崇拜金钱至上、利益唯亲，成为功利主义的信徒。这种盲目崇拜功利主义的选择并不会有什么好的产出，只会使得"富者更富，贫者更贫"。在有钱人越有钱的情况下，没有钱的人会越来越没有钱，从而渐渐丧失尊严。当两极分化达到不可调和的状态，唯有炮火和鲜血方能化解。曾记否，东欧剧变、苏联解体才过去几年？犹记得解体时的苏联民众"贫在闹市无人知，富在深山有远亲"的反差？俄罗斯总统普京曾说过："忘记历史，等于背叛。""谁不为苏联解体而惋惜，谁就没有良心；谁想恢复过去的苏联，谁就没有头脑。"试图恢复过去的苏联就是头脑昏聩的举动？为什么呢？曾经军事、经济都与美国并驾齐驱的苏联如此不堪吗？当然不是，全盛时期的苏联，作为当时社会主义国家的领头羊，方向正确，道路正确，苏联民众最为之自豪的就是公平公正的社会环境，平等富足的生活待遇。作为社会主义国家的苏联，立国施政的宗旨就是实现共同富裕。在这种道路的指引下，苏联民众在这种美好生活的盼头下，鼓足干劲促使物质生产极大丰富，自然有足够的底气与当时资本主义国家的"带头大哥"一较高下。然而，苏联最后的下场是分崩离析，何至于此呢？答案其实很简单，方向道路错误了，两极分化加大了，共同富裕成泡影了，国家民众都没奔头了，一句话——让民众吃不上饭的国家不要也罢了。可见，一个国家的发展要想有出路，一个国家的民众要想有前途，道路选择用现在的流行语来说"真心很重要"。苏联后期,丢失了群众赖以期待的、国家赖以立根的民众共同富裕梦想。所以,东欧剧变、苏联解体不是因为社会主义没有前途,也不是共同富裕流于空想,而是因为执政党选错了道路。由此可见,1922年成立到1991年解体存在了69年的苏联与1949年成立至今依然风华正茂的中国不可同日而语的根源在于道路,根本在于中国特色社会主义共同富裕梦想。实现中华民族的伟大复兴梦想,实现中国特色社会主义共同富裕梦想是全体中国人民的根本愿望,深得中国人民群众的认可与期待。所以全体中国人民在中国共产党的领导下,坚定不移地走共同富裕之路,追求更加美好的教育,追求更加完善的医疗,追求更加舒适的住所。这种追求有中国共产党的坚强领导作保障,这种追求有实现共同富裕的现实条件作支撑,这种集聚中国最广泛人民群众智慧选择的道路,一定是极其光明的、富有前途的发展之路。

共同富裕是中国发展的必由之路,无可置疑、不可替代。100多年来,中国共产党团结带领全国各族人民开创了新中国成立70多年的辉煌成绩,以人民为中心的治国理政观念的目标只有一个也只能是一个,那就是共同富裕。在中国共产党的带领下,中华民族以历史上从未有过的信心、决心和恒心完成了世界历史上最艰苦卓绝的反贫困斗争的伟大胜利,在世界范围内为各国塑造了中国样板,塑造了实现人民对美好生活向往奋斗的样板。中国共产党庄严承诺了,做到了。中国特色社会主义平稳高质量发展,广大人民群众的生活美起来了,亿万人口的脱贫攻坚战如期完成,全面建成小康社会没有让一个民众掉队,何其壮哉!共同富裕是中国发展的必由之路,毋庸置疑。同时,共同富裕是中国发展的必由之路，无可替代。除了坚定走共同富裕道路之外，除了在中国特色社会主义道路大步前进外，西方所谓的"自由美丽富饶"的道路都是邪路，都是歪路。资本主义道路在一定时期确实带来了繁荣的假象，资本主义在历史中占据了重要位置，然而要清醒地认识到，历史是不断发展的，资本主义战胜封建主义、改变世界面貌的同时，也注定了资本主义不会是永远，盲目地临渊羡鱼、摇摆不定必然会导致凄惨的下场，东欧剧变、苏联解体的悲哀证明了这一点，70多年新中国辉煌无比的历史成绩证明了这一点。当今世界正处于百年未有之大变局，虽然和平发展的总体态势没有变化，但是国家之间的竞争越发激烈，意识形态领域的斗争越发激烈，以贸易战为代表的矛盾纠纷就是国家之间、社会制度之间、意识形态之间竞争和斗争的表现。可以说，"一着不慎，满盘皆输""道路走错，万事蹉跎"。新时代中国特色社会主义道路就是奔向共同富裕之路，就是满足人民对美好生活向往的圆梦之路，就是中国未来发展的必由之路，这条道路由中国共产党团结带领各族人民开辟，前程必然广阔明朗，必是康庄大道无虞！

## 二、始终把满足人民对美好生活的新期待
## 作为发展的出发点和落脚点

党的十八大以来，以习近平同志为核心的党中央坚持以人民为中心的发展思想，始终把人民对美好生活的向往作为治国理政的奋斗目标。在中国特色社会主义进入新时代的当下，生机勃勃的中国道路、中国制度、中国文化、中国理论擘画着美丽中国梦的光辉前景，不断强化着广大人民群众对美好生活的获得感、幸福感。立足

新发展阶段，贯彻新发展理念，构建新发展格局，要始终把满足人民对美好生活的新期待作为发展的出发点和落脚点，使命担当、脚踏实地、久久为功，推动改革发展成果更多更公平惠及全体人民，让广大人民群众获得感、幸福感、安全感更加充实、更有保障、更可持续。

## （一）美好生活新期待随时代变化

1978 年，中国在这一特殊时刻步入了一个崭新的阶段，以全新的面貌走向世界，以日新月异的变化呈现于世界。40 多年的时间里，中国成为世界第二大经济体、第一大工业国、第一大外汇储备国，夺取了全面脱贫攻坚战的历史性胜利、获得了全面建成小康社会的历史性成绩。40 多年的改革开放使得中国发生了翻天覆地的变化，无论是在广度、深度、难度方面，还是在所取得的成绩、影响、价值方面，中国的改革开放都可以称得上是世界罕见。这种罕见，不仅体现在大国风貌上面，更多地表现在人民群众的生活"升级"当中。

人们对生活的追求是一成不变的吗？答案显而易见。当温饱问题解决之后，人们的目光便转向了更高层次的追求，人们对美好生活新期待是随时代变化、随社会进步的。以通信工具为例，现在的人们离开手机的生活是难以想象的，我们难以承受没有手机之痛。中国互联网络信息中心（CNNIC）在京发布第 52 次《中国互联网络发展状况统计报告》。《报告》显示，截至 2023 年 6 月，我国网民规模达 10.79 亿人，较 2022 年 12 月增长 1109 万人，互联网普及率达 76.4%。十亿网民构成了全球最大的数字社会。这放在 40 年多前，是不可想象的，也是不敢想象的。

　　一部小小的手机，折射出了百姓生活的变迁与对生活期待的"进阶"。40多年前，普通中国老百姓日常交流的主要手段就是写信、拨打固定电话，拨打固定电话也只是告知重大事项或简单地诉说近况如婚丧嫁娶事项，不可能家长里短地长时间闲聊，毕竟月租费、通信收费也是一笔不小的支出。20世纪80年代末中国出现了现代意义上的移动手机——大哥大，然而因高昂的使用费用，移动手机大哥大只能成为少数人的"专用品"，并且可供选择的手机品牌也就只有1个——摩托罗拉。30年前，随着技术的革新，通信资费大幅度下降，固定电话在家家户户越来越常见，大街小巷已经随处可见黄色的公共电话亭，钱包里也常常有一张IC卡。第二代通信技术的发展使得轻巧便利的小灵通手机受到群众热捧，逢年过节编辑短消息发送给亲朋好友成为潮流，简单的表情包和手机彩信让人激动不已。伴随着中国接入互联网，人们期待的通信便利时代已经来到。千禧年之后的十年时间，第三代移动通信技术（3G网络）、第四代移动通信技术（4G网络）飞速发展，可供人们选择的通信手段各式各样，早期国产手机品牌波导、金立、海尔、中兴家喻户晓，国外手机品牌三星、诺基亚、苹果可供选择。家用电脑的普及更是迅速集聚了一大波的"网民"，网络交流工具也是层出不穷，QQ、MSN、易信等。到现在第五代移动通信技术（5G网络）极速发展，智能化手机、各种交流沟通App设计得越来越贴近人们的需求，国产的华为、小米、OPPO手机获得了世界各国人民喜爱，微博、微信、抖音、快手等的横空出世直接点燃了中国老百姓的精神生活。很多中国老百姓做梦也想不到，有一天自己可以轻轻触碰手机上的抖音App、微信App便可以将自己的唱歌小视频同步分享给自己的众多好友。越来越多的老百姓成为网红，拥有了数十万、数百万乃至数千万的粉丝，一曲高歌和一首热舞都能获得围观群众的打赏，甚至还可以通过手机直播带货，"勤劳致富"……

当下，上了年纪的老百姓打开自己的抖音、快手，五花八门的视频立即出现。有老朋友晒外出钓鱼、跳广场舞的视频；有自己的兄弟姐妹晒到处旅游、聚餐的视频；有自己的晚辈们晒学习趣事、结婚宴请的视频，恍惚之间多有感触。电视剧《平凡的世界》中孙少安的父亲吃上一顿白面馍馍，欣喜得泪流满面，而现在大众点评 App 中美食应有尽有，百姓也可以随意在美团 App 中订购美食外卖，随时品尝天南海北八大菜系的美食已经不是梦想，即便是半夜三更，也可以点上个烤串外卖与一众好友"撸一撸"。

美好生活期待随时代变化，40 多年来中国迎来了由富起来转向强起来的巨大飞跃，中国特色社会主义进入新时代，中国人民的生活也实现了"温饱"到"美好"的变迁，中国老百姓对衣食住行的美好期待实现了一个又一个的升级。在自媒体时代的今天，中国老百姓对美好生活的向往一个个地在抖音短视频、快手短视频、微信小视频里宣告、实现，随之又许下一个又一个新的期待和心愿。可以说，中国老百姓是最有幸福感、获得感和安全感的，因为在中国共产党的领导下，他们的期待终究会成为现实，不会流于空想。

## （二）美好生活新期待是万众期待

如果一个执政党不能以广大民众的美好生活期待为奋斗目标，而是只顾及自身阶级阶层的利益，以自己的期待为期待，以自己的追求为追求，以"小众期待"为"大众期待"，那么这个政党执政的时间就不会长久，执政之路就不会长远。检验一个政党、一个政权性质的试金石就是看这个政党能否以广大民众的期待为根本、以广大人民群众的期待为根本期待，能否凝聚团结带领广大民众共同奋进美好生活的磅礴力量。执政党如何治国理政关乎政党生死存亡，执政党的执政理念关乎国家和谐稳定、群众安居乐业。这个试金石如果不清晰明了，那么这个执政党将会一败涂地。

当今世界正处于百年未有之大变局，新一轮科技革命和产业革命正在加剧重塑世界面貌，社会生产力的加快解放使得人们生活水平获得极大跃升。在世界日益进入"地球村"、人类日益迈向"命运共同体"的时代，执政党和政府应当认真审时度势，切实抓住治国理政的牛鼻子——以万众期待为执政之据，精准施策方能牢固执政之基，方能增益人民群众，方能获得人民赞誉，否则就会黯然收场。作为执政党和政府，人民对美好生活的向往不容漠视、不容贬低、不容随意折腾。正确认识美好生活新期待不是少数人的期待而是大多数人的万众期待，是执政党和政府执政的前提；坚定不移、扎扎实实地实现好、维护好、发展好最广大人民群众的新期待是执政党和政府最大的责任，"水能载舟，亦能覆舟"，中国先辈们的话语今天依然发人深省。

### （三）美好生活新期待即使命担当

当今世界，现有200多个国家和地区，世界各国政党总数约有4000—5000个，其中，有127个共产党或坚持马克思主义性质的政党，分布在100多个国家。检验一个政党执政业绩好坏的标准是什么？检验一个政党是否有担当的标准是什么？是把群众推向水深火热还是团结带领群众奔向幸福美好生活？是在困境面前袖手旁观还是团结带领群众攻坚克难？面对这样一道"执政考验"题目，大家都不会选择"把群众推向水深火热"这个答案，因为这个选项似乎就没有存在的必要。然而，世界上仍有不少执政党是睁眼瞎，看不见国内群众的诉求，听不到群众的呼声，反其道而行之，一个劲地把群众推向深渊，强推着群众走下坡路。

群众美好生活新期待即是执政党的使命担当，中国老百姓对美好生活的向往就是中国共产党的奋斗目标。中国共产党自建党以来，始终把全心全意为人民服务作为自己的根本宗旨；始终坚持以人民为中心，把人民对美好生活的向往作为自己的奋斗目标，时时刻刻聚焦人民群众对美好生活的新期待，扎扎实实砥砺奋进，不断铸就新的辉煌。中国共产党没有自己的特殊利益，只是一个劲儿地为人民服务。

新中国70多年的历史，就是中国共产党坚持以人民为中心的"工作史"；中国特色社会主义繁荣发展史，就是中国共产党发挥使命担当满足人民美好生活向往的奋斗史。新中国成立特别是改革开放以来，我国取得的历史性成就都是在中国共产党的坚强领导下，中国人民美好生活的向往一步一步成真的写照、中国梦一步一步实现的见证。100多年前，实现民族独立"站起来"是中国人民的期待。民族内忧外患、社会危机空前严重，中国共产党站了出来，团结带领中国人民披荆斩棘，打痛了日本帝国主义、打垮了蒋家王朝、打破了各种压迫中国人民的枷锁，取得了新民主主义革命胜利，可以向全世界宣告"中国人民从此站起来了"。

40多年前，中国实行改革开放，自此中国共产党以人民群众美好生活新期待为奋斗目标，以"撸起袖子加油干"的气概，让中国民众的向往不断变成现实。世界第二大经济体，世界第一大工业国，世界第一大外汇储备国，世界网民人数最多……改革开放40多年来，在国家富强的同时，人民也日渐富裕。中国老百姓彻底解决了温饱问题，实现了牢牢把饭碗端在自己手里的渴望。凭票买粮的历史一去不复返，手机轻轻一点，叮咚买菜、盒马鲜生、美团外卖、多点生鲜、天猫超市、每日优鲜……各式各样的手机 App 网罗了天南海北的美食，真正实现了"想吃什么点什么"；中国老百姓住上了宽敞明亮的商品房，简装修、精装修，西式风格、中式风格随意搭配，格力空调、海尔冰箱、小米电视、苹果电脑、美的吸油烟机等各种名牌家用电器京东商城一键装配……众多的一号文件、众多的民生工程，最终中国夺取了脱贫攻坚战的全面胜利，亿万贫困人口的美好生活期待彻底成为现实，中国人民富起来了。"最成功的脱贫故事"背后是中国共产党几十年如一日的"民有所呼，我有所应"的忠贞。

中国推进强起来是中国共产党使命担当的美丽呈现。党的十八大以来，以习近平同志为核心的党中央团结带领全党全国各族人民，坚持以人民为中心、以人民的期待为使命召唤，统筹推进"五位一体"总体布局、协调推进"四个全面"战略布局，迎来了实现中华民族伟大复兴的光明前景。当前中国特色社会主义进入新时代，面对震古烁今的伟大成绩，以"人民对美好生活的向往，就是我们的奋斗目标"为加油号子的中国共产党郑重表态，"脱贫攻坚战的全面胜利，标志着我们党在团结带领人民创造美好生活、实现共同富裕的道路上迈出了坚实的一大步"。"中国共产党为什么能"，答案不言而喻！

## 三、共同富裕是长期任务、现实任务

奋进共同富裕目标绝不是一朝一夕之事，也不是敲锣打鼓就能实现的。共同富裕不是平均主义，不能一蹴而就；共同富裕是长期任务，需要扎实推进。只有深刻地认识到共同富裕目标的长期性、现实性、艰巨性，只有坚定不移地走共同富裕之路，共同富裕才不会成为天方夜谭，广大人民群众的美好生活向往才不会虚无缥缈。

## （一）共同富裕不是平均主义

人们对共同富裕社会各种向往、各种憧憬，每个人都渴望尽快获得"物质极大丰富，每个人自由而全面的发展"的快感。在一些民众的意识里，上过福布斯富豪榜的成功人士就是自由发展的代表和象征，实现了财富自由——"数钱数到手抽筋，买买买随便刷"的状态就是富裕。他们认为，共同富裕就是跟那些人生赢家一样，就是这样一种状态，"按照马克思所说的那样，物质极大丰富后，你有的我都有——大家都住同样的别墅，开同款的豪车，穿同款的名牌，人人都是高富帅、白富美"。这种"大家都一样"的共同富裕观可不是马克思主义范畴的，而是一种粗糙的、片面的富裕观，类似于"同步富裕"观——大家同时达到富裕、同步享受物质极大丰富、生活上一模一样，无丝毫差别，其实质就是一种平均主义、平均富裕。

同时、同等、同步富裕是不可想象的，也是不可能实现的。历史上凡是试图以平均主义手段、不假思索跑步进入共产主义社会的实践都会彻底失败。在社会生产条件达不到共同富裕要求的情况下，无所顾忌地吃"大锅饭"，虽然出发点是为了加快共同富裕步伐，但是实际上只是一种虚假的善意的"欺人"与"自欺"，用平均主义获得的一时的众人吃喝不愁欢乐表象最终会支离破碎。用平均主义强推共产主义和共同富裕在认识上是不到位的。针对平均主义分配原则导致的"穷庙难养富和尚""三个和尚没水吃"的普遍贫穷现象，邓小平同志指出"贫穷不是社会主义""社会主义的本质，是解放生产力，发展生产力，消灭剥削，消除两极分化，最终达到共同富裕""社会主义的根本任务是发展生产力，逐步摆脱贫穷，使国家富强起来，使人民生活得到改善。没有贫穷的社会主义。社会主义的特点不是穷，而是富，但这种富是人民共同富裕"。依靠平均主义手段呈现一时的"共同富裕"不是社会主义，也不是共产主义。共同富裕不是搞平均主义，共同富裕是需要社会发展到一定阶段，社会生产力发展到一定水平，人民群众思想觉悟达到一定高度的情况下才可以实现，所以邓小平同志提出了"先富带动后富，最终实现共同富裕"的思想，"我们的政策是让一部分人、一部分地区先富起来，以带动和帮助落后的地区，先进地区帮助落后地区是一个义务。我们坚持走社会主义道路，根本目标是实现共同富裕，然而平均发展是不可能的"。习近平总书记指出，"按照马克思、恩格斯的构想，共产主义社会将彻底消除阶级之间、城乡之间、脑力劳动和体力劳动之间的对立和差别，实行各尽所能、按需分配，真正实现社会共享、实现每个人自由而全面的发展"①。"全面建成小康社会，一个也不能少；共同富裕路上，一个也不能掉队。"② 习近平总书记的重要讲话再次说明了共同富裕不是平均主义，共同富裕也不是均等富裕，用"裁弯取直"的方法实现共同富裕是行不通的。

## （二）共同富裕不会一蹴而就

如今，扛着简单的采访机器到街头采访路人这一方式在新闻人群体中广泛流行，越来越多的搞笑神回复诞生其中。面对"一夜爆美"和"一夜暴富"的问题，不少街头群众会选择"一夜暴富"，更有一部分受访人给出了神回答"先一夜暴富后，再去整容变成一夜暴美"。为什么会出现如此搞笑的"神回复"呢？大家都

---

① 《习近平谈治国理政》第二卷，外文出版社 2017 年版，第 214 页。
② 《习近平谈治国理政》第三卷，外文出版社 2020 年版，第 66 页。

看不透吗？其实每个受访的人大都知道一夜暴富都是白日做梦，是异想天开，但是还是会渴望，还是想坐享其成、一蹴而就。因为富裕的诱惑力太强大，每个人都期待自己能衣食无忧、喜乐安康，每天数钱数到手抽筋。但是，共同富裕不是人人暴富，14亿中国人不可能人人都买福利彩票中头奖。共同富裕不会一蹴而就，而是需要厚积薄发。

马克思曾经以玩笑式的口吻对共同富裕社会——共产主义社会有过简单的设计："在共产主义社会里，任何人都没有特殊的活动范围，而是都可以在任何部门内发展，社会调节着整个生产，因而使我有可能随自己的兴趣今天干这事，明天干那事，上午打猎，下午捕鱼，傍晚从事畜牧，晚饭后从事批判，这样就不会使我老是一个猎人、渔夫、牧人或者批判者。"听起来十分简单，不过就是"上午打猎，下午捕鱼，晚上讨论哲学"而已。这样的话，一蹴而就实现共同富裕是轻而易举的，用当下的流行语表达即是"分分钟能实现"。然而这样的理解都是片面的、简单化的、不切实际的。马克思对共同富裕社会简单的、形象化描述并不是说实现共同富裕社会就是如此简单，如果天真地认为共同富裕就是口号式运动或游戏的话，教训会十分深刻。在社会生产力十分低下或未达到要求的情况下，历史上妄图一蹴而就推进共同富裕的实践家均以失败告终。

著名的英国空想社会主义实践家、浪漫社会主义设计者欧文，在历史上留下了一蹴而就开创共同富裕社会的壮举。工业革命飞速发展给欧文带来了极大的冲击，然而工人每天超负荷劳作达十三四个小时，仅仅获得微薄的工资、住在污秽不堪的牛棚里养家糊口，贫困不堪的状况让他转向共产主义、转向共同富裕实践，欧文成为一个共产主义者。他著书立说，出版了《新社会观，或人类性格的形成》，向政府提交《致工业和劳动贫民救济协会委员会报告书》《致拉纳克郡报告》等法案，提倡建立农业合作社，实施自己的理想计划。当然，在资本主义迅猛发展的工业英国，在贫富差距分化巨大的英国，欧文被边缘化了。但是他锲而不舍，携手全家和一众粉丝前往美国成立"和谐公社"，然而耗尽家财，失败了。欧文越战越勇，失败了继续领导工人运动，继续实施共产主义共同富裕推进计划，成立"理智虔诚教徒世界公社协会"再战再败，最终几次共产主义试验之后，无疾而终。欧文，怀揣浪漫主义设想试图一蹴而就实现共同富裕，屡败屡战、矢志不渝，精神可嘉。

中国历史上，亦有浪漫主义的、一蹴而就的共同富裕实践。清代后期，以洪秀全、杨秀清、萧朝贵、冯云山、韦昌辉、石达开等人为主的领导团体掀起了轰轰烈烈的太平天国运动。作为农民起义的典型代表，太平天国运动的领导人们打出了农民群众梦寐以求的求富口号——"天下一家，同享太平""凡天下田，天下人同耕""有田同耕，有饭同食，有衣同穿，有钱同使，无处不均匀，无处不饱暖"。为了更加取信农民群众，他们把这种"共同富裕"精神镌刻进了法案——《天朝田亩制度》。这种共同富裕的实践尝试在初期获得了令人惊喜的效果。在共同富裕口号和温暖人心的实际举动下，太平天国农民军节节胜利，太平天国运动席卷大半个中国，简单的"共同富裕"初具规模，最终使得洪秀全等一众领导人获得了"半个胜利"，定都天京（今南京），同清政府分庭抗礼。然而好景不长，太平天国一众领袖并没有将共同富裕进行深入推进，共同富裕变成了个人享乐主义。原本就操之过急的共同富裕实践彻底被起义领导人的自私自利所肢解，内讧引发天京事变从而导致太平天国由盛转衰，最终彻底失败。

底层劳动人民恶劣的生存环境与生产力的飞速发展构成了鲜明

的反差，日益扩大的贫富差距使得社会改革家们纷纷进行社会重构，然而无论是国外空想社会主义家的共同富裕实践还是中国农民发起的共同富裕起义运动，都以失败告终。其中失败的原因有很多，历史方面的、社会方面的、指导思想层面的、路线方针层面的、个人层面的等，各种"局限性"的叠加最终使得怀揣天真共同富裕社会建设情怀的先驱们经受一次次打击。迄今为止，无论是个人还是集体，凡是宣称过已经实现共同富裕的各种理想实践，失败的过程都是简单短促的，失败的案例都是想一蹴而就实现社会共同富裕、一跃而入共产主义社会的。可见，妄想超越社会发展阶段、抛却物质财富积累、脱离生产力发展水平实际，进行共同富裕社会构建都是"异想天开"。共同富裕问题需要从大历史观的角度去认识，共同富裕实践不会一蹴而就，也不是一击即中，更不是不费吹灰之力之事。社会发展是一个过程，实现共同富裕也是一个过程。共同富裕的实现需要"日积月累"，需要大量的物质财富、精神财富奠基，需要广大人民群众共同推进、共同奋斗。虽然实现共同富裕需要经历若干个阶段性过程、若干个沉重打击，不可能一蹴而就，但是一代代接续奋斗，共同富裕终究会近在眼前！

### （三）共同富裕不是天方夜谭

大家都知道成语天方夜谭的意思是比喻虚诞、离奇的言论，正如同阿拉伯民间故事《一千零一夜》里的故事一样。在面对一时难以认识的"新鲜理论"或者远大目标的时候，尤其是触碰了自己的切身利益之时，人们往往会冠之以"天方夜谭"的帽子加以排斥，正如同马克思主义倡导的共同富裕一样。自社会主义诞生之日起，各式各样的资本主义代言人通过各种手段封杀、污化社会主义、共产主义和共同富裕，讽刺嘲笑空想社会主义失败的实践，贬低马克思、恩格斯不知所谓。尤其是东欧剧变、苏联解体，西方资本主义的代言人越发喧嚣，对马克思主义共同富裕理论越发嗤之以鼻。然而，1999 年以来，英国组织的千年思想家评选，马克思是第一名；2008 年国际金融危机之时，马克思的著作《资本论》在资本主义市场畅销。

共同富裕绝不是天方夜谭。实现共同富裕有科学的理论根据、实践动力和群众基础。历史上试图一蹴而就实现共产主义的伟大实践失败了，根本原因在于生产力水平未达到共同富裕条件，加上没有正确的理论引导，迷失方向后只能出"昏招"。马克思、恩格斯提出的历史唯物主义科学地阐释了"共同富裕何以能"。生产力和生产关系的辩证关系原理揭示了社会历史进步发展的内在逻辑。共同富裕之路并不是断头路，也不是迂回路。生产力与生产关系矛盾运动不断推动社会进阶，不断在资本主义肌体之中孕育共产主义共同富裕因素。正如同资本主义脱胎于封建主义，资本主义战胜封建主义，资本主义生产力使得世界发生了翻天覆地的变化一样，社会主义、共产主义必将更加辉煌，这是不言自明、不证自明的事情。科学的马克思主义历史观早已揭开了共同富裕的纱巾，并且早已注明了共同富裕将会在人民群众的实践中成为现实。社会历史的发展进步、社会物质财富的极大丰富都是由广大人民群众的现实实践推动的、创造的。资本主义绝不是社会的最终形态和人类文明的终结！在自媒体时代的当下感受尤为深刻！可以说，人的实践能力一日千里。智能时代的当下，人的实践能力超乎想象。以往被定义为"白日做梦"和"天方夜谭"的事情，今日已经统统成为现实。随着对美好生活的向往，人的实践能力随着人的全面发展不断壮大，生产力将得到极大释放，物质财富、精神财富的产出将呈几何倍数增长。

共同富裕不是天方夜谭，终将成为现实；共同富裕不会一蹴而就，而是长期任务。中国共产党团结带领全国各族人民奋进共同富裕目标，取得的历史性胜利就是明证。新中国奋进共同富裕伟大目标出现过跑步进入共产主义、同吃平均主义大锅饭的人民公社化运动这种错误，但是这与东欧剧变、苏联解体完全不同，并不是西方资本主义睁眼说"中国特色社会主义没有未来"这种瞎话的"佐证"。相反，新中国成立70多年来走过的弯路、遇到的挫折都是马克思主义共同富裕思想的现实例证，并且在不断总结经验教训、积极探索中国特色社会主义建设的基础上，中国创造了彪炳史册的奇迹——不到十年的时间，1亿人口摆脱了贫困，中国奋进共同富裕的脱贫攻坚战取得了全面胜利！《人类减贫的中国实践》白皮书全面回顾了100年来中国共产党团结带领中国奋进共同富裕、坚定走共同富裕之路的征程。2021年2月25日，习近平总书记在全国脱贫攻坚总结表彰大会上庄严宣告，中国脱贫攻坚战取得了全面胜利，中国完成了消除绝对贫困的艰巨任务，兑现了百年承诺。2021年7月1日，习近平总书记在庆祝中国共产党成立100周年大会上宣布，经过全党全国各族人民持续奋斗，我们实现了第一个百年奋斗目标，在中华大地上全面建成了小康社会，历史性地解决了绝对贫困问题，正在意气风发向着全面建成社会主义现代化强国的第二个百年奋斗目标迈进。

中国用"效率"＋"公平"推动迈向共同富裕。改革开放以来，中国迈向共同富裕的步伐越来越快，中国共产党审时度势，正确定位中国国情和所处社会发展阶段，一心一意谋发展。"我国正处于并将长期处于社会主义初级阶段，我们不能做超越阶段的事情，但也不是说在逐步实现共同富裕方面就无所作为，而是要根据现有条件把能做的事情尽量做起来，积小胜为大胜，不断朝着全体人民共同富裕的目标前进。"中国共产党正是坚持以人民为中心的共同富裕理念，40 多年来带领广大人民群众把社会发展的蛋糕一点点做大，高度重视"效率"，国家综合实力稳步提升，夯实了中国全面消除贫困、全面建成小康社会的底气。与此同时，中国共产党也清醒地意识到随着社会不断发展，"蛋糕"不断做大的同时，"在共享改革发展成果上，无论是实际情况还是制度设计，都还有不完善的地方"，需要尤其重视公平。从效率优先兼顾公平到更加注重社会公平的变化，凸显了中国共产党在新发展阶段对共同富裕目标认识的深化，对奋进共同富裕目标阶段性工作重点的清醒把握。"脱贫攻坚战的全面胜利，标志着我们党在团结带领人民创造美好生活、实现共同富裕的道路上迈出了坚实的一大步。同时，脱贫摘帽不是终点，而是新生活、新奋斗的起点。解决发展不平衡不充分问题、缩小城乡区域发展差距、实现人的全面发展和全体人民共同富裕仍然任重道远。我们没有任何理由骄傲自满、松劲歇脚，必须乘势而上、再接再厉、接续奋斗。"可见，中国共产党人团结带领中国各族人民奋进共同富裕目标扎扎实实，头脑清晰，举措有力。有科学的理论指导，有清晰的路线图，有明确的时间表，相信在中国共产党的坚强领导下，共同富裕这一最大的目标必将会早日实现！

# 第五章　贯彻新发展理念必须深化改革

全面深化改革同贯彻新发展理念、构建新发展格局紧密关联，要完整、准确、全面贯彻新发展理念，扭住构建新发展格局目标任务，更加精准地出台改革方案，推动改革向更深层次挺进，发挥全面深化改革在构建新发展格局中的关键作用。当前，我国主要领域改革主体框架基本确立，现在要把着力点放到围绕完整、准确、全面贯彻新发展理念，加强系统集成、精准施策上来。要在已有改革的基础上，立足贯彻新发展理念、构建新发展格局，坚持问题导向，围绕增强创新能力、推动平衡发展、改善生态环境、提高开放水平、促进共享发展等重点领域和关键环节，继续把改革推向深入，更加精准地出台改革方案，更加全面地完善制度体系。

## 一、以新发展理念指导引领全面深化改革

发展行动要以发展理念为指导，而发展思路、发展方向和着力点通过发展理念得以体现，新发展理念将会进一步引领我国全面深化改革。① 从根本上说，发展的成败以及产生的效果取决于发展理念的正确性。现阶段，我国在发展过程中出现了很多问题和矛盾，为了使其得到充分解决，在对国内外发展情况进行深入分析并对其中的经验教训进行深刻总结的基础上，中国共产党提出新发展理念的概念。该理念的提出和应用，为我国的发展全局带来了极为深远的影响。

新发展理念作为一个全新的发展理念的集合体，理念包含了"创新发展、协调发展、绿色发展、开放发展、共享发展"等五大基本元素，共同构成新发展理念的集合。不仅各个元素之间具有一定的相互联系，且在发展过程中各个元素之间相互推进，使得整个发展过程做到贯彻、统一和统筹发展。

新发展理念提出并实施以来，不仅解决了党和国家在发展过程当中遇到的一系列重大问题，而且使我国改革进行得更加深入和彻底，让很多深层次矛盾和问题得到了根本性的解决。② 目前我国经济增长存在缺乏内生动力的问题，且在经济发展过程中。存在各个

① 参见秦宣：《新发展理念与中国改革开放的历史经验》，《中国特色社会主义研究》2018 年第 6 期。
② 参见杨燕江、陈征平、段从宇：《基于新发展理念的大学文化建设路径研究》，《四川理工学院学报（社会科学版）》2018 年第 6 期。

区域发展不平衡的问题——部分地区依然面临着以粗放增长为主的经济发展模式，同时城乡差距逐渐扩大，这些问题相互交织、相互影响，成为推进经济发展过程当中的全局性难题，其复杂性和艰巨性前所未有。在此背景和难题之下，新发展理念的提出像一盏明灯，将引领我国全面深化改革，也终将促进我国整个社会的全面、协调、可持续发展。

任何一个理念从提出到发展，如果过程贯彻不到位，都将会影响发展成果，这就要求在贯彻新发展理念的过程当中，我们一定要贯彻落实新发展理念，提升对新发展理念的认识，在新发展理念的指导下进行相关的实践活动。① 如发现有不符合或违反该理念的认识或行为，要及时作出调整和纠正，切实做到"崇尚创新、注重协调、倡导绿色、厚植开放、推进共享"②。如何形成增强经济发展活力的市场体系，如何形成公平正义的社会环境，如何进一步转变以消耗自然资源为主的经济增长模式，为实现经济持续健康发展提供不竭动力，都需要通过新发展理念引领、推动全面深化改革。

## （一）新发展理念的内容指导引领全面深化改革

新发展理念蕴含着十分深刻而丰富的含义，其内容不仅为当前经济发展过程中出现的一系列问题予以明确回答，且将新时代发展的方向、动力等融合成了紧密的有机体系③。新发展理念是我党对社会发展新形势提出的更为深刻的科学认知，也是我国在新趋势下治理国家的新理念，是具有巨大潜力的理论武器。只有通过全面深

---

① 参见袁方成、靳永广：《新时代新发展理念引领下的农民市民化》，《河南师范大学学报（哲学社会科学版）》2019 年第 2 期。

② 《习近平谈治国理政》第二卷，外文出版社 2017 年版，第 219 页。

③ 参见顾梦佳、王腾、张开：《习近平新时代中国特色社会主义经济思想》，《政治经济学评论》2019 年第 3 期。

化改革，才能够使我国的改革成效更加系统，才能够进一步发展中国特色社会主义。新发展理念对于全面深化改革的坚持和发展具有非常重要的地位，将为中国特色社会主义全面深化改革注入新的发展活力和发展动力。

## 1. 创新发展引领经济体制改革

"创新是一个国家得以长期、稳定发展的重要动力，也是一个国家能够屹立于民族之林的重要基础……"[1] "创新是引领发展的第一动力"[2]。以习近平同志为核心的党中央充分意识到坚持创新的重要性，努力实现创新贯穿于经济、文化、社会发展，在全社会形成良好的创新发展动力和较好的创新发展氛围，也通过创新进一步推动党和国家在经济发展过程当中不断地进步。

创新已成为我国经济改革的重要引擎，主要体现在以下两个方面：一方面，我国目前依然存在资源供需矛盾——有限资源和社会无限发展之间的矛盾，且这一矛盾通过社会经济发展也呈现出愈加紧迫的状态。为更好解决这个问题，只有创新发展方能解决这个矛盾的核心。在当前发展形势之下，产业革命已经形成一定的发展基础和发展规模，科技革命也正在如火如荼地进行。我们国家和民族如何能够在这场革命当中取得改革成果制高点，关键在于是否具有创新能力。另一方面，中国处于全面深化改革转型的艰难时期，这一时期的发展相比于其他发达国家而言，存在着创新能力相对不足、经济发展相对粗糙、经济创新体制相对薄弱的不良局面。因此，在未来相当长的时间内，我国必须加强对制度创新和科技创

---

[1]　谭珩：《关于认真贯彻新发展理念、全面深化税收改革的几点思考》，《税务研究》2019 年第 8 期。

[2]　杨佩卿：《新发展理念下新型城镇化发展水平评价——以西部地区为例》，《当代经济科学》2019 年第 4 期。

新，并逐步形成社会经济发展一体化的创新机制，从而在日益激烈的国际市场竞争当中，能够获取相对稳定的发展空间，最终形成推动中国现代化发展的有力引擎。

改革开放以来，为加快复苏国内经济，我国在投资、出口以及劳动力供给等关键因素方面进行迅速调整，这种借助外资和外向型经济战略发展的策略使当时的中国经济迅速发展，但依赖这种策略进行经济发展并非经济长久之计。近些年，国际形势以及经济环境均已发生变化，尤其是中美经贸摩擦开始以来，我国出口量频频受阻，同时国内产能过剩、劳动力相对优势丧失等并行问题一一暴露，致使我国经济发展进入瓶颈期。若继续单纯依赖传统式的发展模式而没有创新，将很难长久发展。面对国内国际双循环的大趋势，创新是唯一出路——不论是积极主动适应当前国际经济形势还是国内产业结构转型升级，创新都是重中之重。

创新作为经济发展的第一动力，将对经济能效的持续性发展产生重要影响，我国目前已经进入全面建设社会主义现代化国家新征程，各种高投入、粗放型的发展模式已完全不适合我国社会经济发展的需要。目前国际国内背景迫使我国经济模式进行调整，才能将发展中出现的不平衡、不充分、不高效的问题得到进一步解决，从而促进整个社会和谐、稳定发展。① 由此看来，需要对目前的经济发展模式进一步进行理念上的创新，尤其注重新发展理念中的创新发展思维对我国的发展动力的进一步创新，在新发展引领下进行全面深化改革，使其能够更加符合我国社会生产力的发展要求，进一步促进我国全面深化改革的创新化发展和整个经济体制的有效提升。

---

① 参见洪银兴：《改革开放以来发展理念和相应的经济发展理论的演进——兼论高质量发展的理论渊源》，《经济学动态》2019 年第 8 期。

## 2. 协调发展引领社会体制改革

面对各方矛盾需要平衡、发展潜力需要挖掘、难题需要破解、劣势需要调整的现实情况，可采取协调发展的策略进行应对，对当前和长远、局部和整体、主要矛盾和次要矛盾的关系进行协调，在此基础上作出科学、合理的战略规划。[①] 唯物主义辩证法进一步指出，整个世界的各项事物是紧密联系着的，各个发展要素亦存在相互作用的发展态势，如果有机整体的发展处于不和谐、不协调的发展状态，必将造成整个社会经济发展的恶性循环。目前，我国在地域之间、城乡之间、精神文明与物质文明之间、经济发展与生态环境之间等多个领域都存在着不协调、不平衡、不可持续的矛盾。新经济发展的高度要求我们加大对各发展要素之间关系的协调力度，促进发展整体效能的提升，利用协调的方式来解决发展过程中累积的矛盾失衡问题。例如，面对发展不平衡不充分，可以在质量与效益之间的关系之中进行协调；在"发展好的"与"好的发展"之间做到统筹兼顾使得全体人民对美好生活的多方面需求尽可能得到满足，真正实现人与社会的全面、协调、可持续发展。

全面发展理论当中，协调性发展是整个发展过程当中的重要基础。根据美国管理学家彼得提出的"木桶原理"——要想使整个木桶能够装满，重点是需要对其最短的那一根木板短板进行修补、加固和提升——补齐所有短板才能够增强社会经济的整体实力。因此在经济发展过程当中，需要着重找到经济发展过程当中的短板因素，找出限制经济发展过程当中的关键性因素（换言之，即木桶原理当中最短板的限制性因素），并且针对关键性因素提出行之有

---

[①] 参见马德浩：《新发展理念视域下的中国体育发展方式转变》，《上海体育学院学报》2019 年第 6 期。

效的办法，是我们首先面临的问题。①

我国在全面建设社会主义现代化国家的进程当中，社会和经济发展的不协调、不平衡问题突出，对我们全面建设社会主义现代化国家的最终目标的实现产生"拖后腿"现象。基于此，在新发展理念的引领下，需要重视物质文明和精神文明建设的关系、城市发展和乡村发展之间的关系，需要采用全局性的发展目标，以促进整个社会全方位的全面进步为出发点，加速我国 2035 年基本实现社会主义现代化建设目标的达成。同时，我国需要注重新发展理念的社会发展优势，进一步消除在社会发展过程当中存在的短板制约性因素，真正实现社会共同协调进步以及协调发展。

由此看来，在新发展理念的指导下，我国需要进行全方位、平衡性的深化改革，使发展理念能够贯彻到社会发展的各个领域，从而促进社会发展的平衡稳定协调发展。

### 3. 绿色发展引领生态文明体制改革

人与自然之间的关系具有共生性。经济增长固然重要，但如若为了单纯追求经济发展而对自然环境进行过度消耗、放弃对自然环境的保护，以牺牲环境为代价换取经济高速发展的经济模式，将对社会长期稳定发展造成巨大困扰，长期看来是十分不可取的。

马克思、恩格斯曾在《1844 年经济学哲学手稿》《德意志意识形态》及《共产党宣言》中关于生态文明观的理论中明确提出"人类在社会发展过程当中应该注重人与自然的和谐""人与自然和谐"的哲学思想。根据马克思关于生态环境的哲学原理"人的

---

① 参见邱海平：《新发展理念的重大理论和实践价值——习近平新时代中国特色社会主义经济思想研究》，《政治经济学评论》2019 年第 6 期。

发展本质是基于自然的发展本质""人应当具备自然界的先进性和客观性",结合当代社会经济发展的实际,我国提出绿色发展理念①——人类社会的发展应该是将人与自然统一起来,形成了和谐共生和辩证统一的发展,才能够促进整个人类社会的长期稳定发展状态,才能实现人类社会的长治久安。②

中国共产党科学理解了马克思关于人与自然的发展内涵之后,即发展一方面是动态平衡中的人与自然的共同发展,另一方面发展又是又快又快的发展,速度和效益均应该顾及。通过对"又好又快"发展的进一步探索,我国提出了新发展理念中的绿色发展理念,其中提到在新时期的发展背景之下要建设美丽中国的这一发展理念。

新发展理念中的绿色发展理念,进一步回答了我国经济社会发展的绿色发展的内涵及发展方向,其中绿色发展是我国经济发展过程当中强调经济社会发展与整个环境保护的发展相互统一的发展,并要求在不对自然环境造成破坏的情况下推动整个经济社会发展的进程,从而促进整个社会与经济以及人类自然和谐共存的发展,习近平总书记提出,"既要绿水青山,也要金山银山。宁要绿水青山,不要金山银山"③,且践行绿水青山就是金山银山的发展理念④,划定生态红线,推动绿色发展,真正体现中国担当。

---

① 参见顾海良:《新发展理念与当代中国马克思主义经济学的意蕴》,《中国高校社会科学》2016 年第 1 期。
② 参见顾海良:《新发展理念的马克思主义政治经济学探讨》,《马克思主义与现实》2016 年第 1 期。
③ 《习近平关于社会主义生态文明建设论述摘编》,中央文献出版社 2017 年版,第21 页。
④ 《习近平关于社会主义生态文明建设论述摘编》,中央文献出版社 2017 年版,第21 页。

在新发展理念引领下的高质量发展，应注重以下两个方面：一方面，我国在发展过程当中应进一步注重协调环境保护和经济发展之间的关系，注重环境保护的基础地位坚决不动摇，不能够只追求经济发展而忽略环境保护；另一方面，发展过程当中需要将环境保护置于经济发展的地位之上，着力保护生态环境。新发展理念中的绿色发展进一步强调了在发展过程当中资源的合理性配置，尽管中国地大物博，物种资源数量和分类都相对可观，但由于我国人口基数较大，人均可利用资源依然相对较少，这就更要求我国在发展的过程当中，必须需要采用恰当的方式，合理地配置自然资源。

绿色发展理念进一步引领了全面深化改革中的生态体制改革。经济发展过程当中，一定要将新发展理念作为一切经济社会发展的行动宗旨，只有改变传统的、片面以经济建设为核心的发展理念，从思想政治上注重整个生态环境的绿色发展，做到经济社会发展上的知行合一，才可以充分体现绿色发展理念的引领作用。同时，我国在经济社会发展过程当中，应当重视对绿色发展制度方面的构建，我国社会治理体系相对比较完善的绿色发展制度方能够解决我国目前在经济社会发展过程当中存在较为严重的环境问题，在实践中必须充分落实全面深化改革中的生态文明制度改革。

### 4. 开放发展引领政治体制改革

随着世界开放性与多元性的提升，国际合作与竞争面临越来越复杂的局面，国际力量的对比和博弈达到了从未有过的程度，想要在目前的国际社会上创造出符合公平公正的政治经济秩序，我国在政治、经济、科技和军事等方面依然面临着前所未有的挑战。[①] 在

---

① 参见双传学：《论新发展理念的理论升华与实践指向》，《南京社会科学》2016 年第4 期。

目前的国际国内环境都不乐观的大背景下，我国依然坚持将全面深化改革发展作为第一位，坚持互利共赢的改革开放政策，使我国经济发展在内外联动机制下可以得到充分发挥，从而实现整个经济发展的活力。

改革开放以来，我国实行内部发展与对外开放的协调统一，进一步提升内部投资与外部投资之间的互动关系，全面促进更高水平、更高层次的开放型经济，通过扩大开放来实现我国更好的创新改革发展，从内部和外部打造新时代发展背景之下所需要的良好发展环境，促进经济社会的全面提升，从而实现人们生活水平的提升。

全面开放发展要求我国在经济发展过程当中，务必从大国发展的经济格局出发，努力把握中国未来发展的经济发展命脉以及人类命运共同体这一出发点，贯彻经济发展的内外联动机制，促进我国经济社会的发展和国际地位的全面提升。[①] 在目前的新形势发展背景之下，我国新发展理念的开放发展进一步引领了全面深化改革的政治。这要求我国在发展过程当中，需要进一步明确中国发展的态度，进一步推动中国改革开放过程当中各项政策的合理性，提升中国对外开放的水平和质量。

### 5. 共享发展引领文化体制改革

共享发展以人民为中心，其核心是围绕发展的最终目的是实现全体人民共同富裕，共同富裕是共享发展的发展目标和价值指引、共享发展是共同富裕的动力和手段。[②] 共享发展要求我国实现经济

---

① 参见李程骅：《以新发展理念统领改革发展新实践》，《南京社会科学》2016 年第 6 期。

② 参见龚云：《共享发展理念是共同富裕目标的"抓手"》，《光明网》2016 年 6 月 30 日。

发展的同时必须兼顾公平正义，而且需要将整个经济的"蛋糕"做大的同时进一步将其分配好。① 社会主义本质要求实现共同富裕、发展成果由人民共享。改革开放的最初阶段，经济增长被视为首要且唯一的任务，一味追求将"蛋糕"做大，忽视社会分配的公平问题，发展思路过于片面，导致出现了比如城乡发展差距拉大、收入分配不均、贫富两极化严重等矛盾。目前，我国已处于中国特色社会主义新时代，兼顾社会公平正义与人民对美好生活的向往，唯有在社会公平正义的前提下，作为实践主体的人民，其积极性、主动性和创造性才会得到全面提升，幸福感与获得感也会加强，才会正向为社会发展提供更多的动力。

共享发展的理念已逐渐贯彻到经济发展的方方面面，且在极大程度上解决了经济社会发展当中的不公平问题。共享发展能够确保人民共同享受社会经济发展的成果，使人民在社会发展过程当中具备更多的获得感，提升经济社会发展的质量和价值。②

新发展理念中的共享发展，从全体人民的根本性需求出发，在发展过程当中着重听取民意民情，切实关注中国社会发展过程中的民生问题，进一步了解人民发展的切身利益相关问题，突破发展的根本性障碍，确保广大人民群众能够共享我国的经济发展成果。共享发展理念还需强调在发展过程当中，物质财富和精神财富的受益者依然是广大人民群众，"以人民为中心"才是整个发展的动力和核心，真正实现整个社会经济发展的共建共享。走共享发展之路，需要循序渐进而非一蹴而就，需要长期稳定、协调发展。共

---

① 参见邓力平：《新发展理念与供给侧结构性改革下的税收定位》，《东南学术》2016年第4期。
② 参见樊杰、郭锐、陈东：《基于五个新发展理念对"十三五"空间规划重点取向的探讨》，《城市规划学刊》2016年第2期。

享发展是由较低级的共享发展到较高级的共享发展的循序渐进的发展过程。

### （二）新发展理念的特点指导引领全面深化改革

新发展理念是我国长期发展所应当秉承的发展方法和理念；同时，新发展理念是我国改革开放 40 多年的探索与经验所得出的重要战略。新发展理念反映了中国共产党对中国经济社会发展规律有了更为深刻、更为全面的理解和认识，同时也体现了我国经济发展的理念革新。作为一种新理念，新发展理念具有整体性与部分性、时代性与民族性、指导性与可操作性、中国性与全球性四大特征。这些特征恰恰与我国社会主义本质相吻合，可以对全面深化改革的理念进行有效指导。新发展理念的特点对全面深化改革进行指导既要往有利于增添发展新动力的方向前进，也要往有利于维护社会公平正义的方向前进。

1. 整体性与部分性的统一指导深化改革的性质和定位

创新是新发展理念的核心内容之一，而整体性是创新的显著特征，其内涵包括具体的、历史的整体性。新发展理念强调创新整体性的同时，也鼓励创新的个性发展，即部分性发展。新发展理念不是只强调整体性或单纯追求部分性，而是共性和个性的统一，是整体性和部分性的统一。① 具体体现在：

第一，整体性是新发展理念具体的表现内容。该理念由创新、协调、绿色、开放、共享五大子系统构成，彼此之间相互补充和影响，具有整体统一的特征，任何一个子系统都不可或缺。第二，整体性是历史的整体性。新发展理念较好地继承了马克思主义社会科

---

① 参见刘伟：《坚持新发展理念 建设中国特色社会主义现代化经济体系》，《中国高校社会科学》2017 年第 6 期。

学方法论的运用，结合唯物史观解析，已经形成了与中国特色社会主义发展紧密结合的联合体。第三，整体价值导向的一致性。新发展理念是在中国经济社会发展的关键节点上提出的，而这个关键节点则指的是实现中华民族伟大复兴的关键节点。新发展理念所追求的目标就是上述目标的实现，因此在价值导向上和国家的战略、民族复兴目标等具有高度一致性。第四，在执行操作过程中具有整体性，五大子系统要统一推进、全面发展，不要顾此失彼，更不能够忽略任何一个子系统。

新发展理念创新、协调、绿色、开放、共享五大子系统之间界限分明，但彼此相互联系、各有特征，具体体现在：第一，五大子系统各有各的特征和发展侧重点，分别服务于各自领域，是各领域发展的方向和目标。第二，五大子系统相互之间具有不可替代性。五大子系统在各自领域发挥着最大功能与作用，相互之间相辅相成相互促进，任何一个子系统都不可或缺，同时任何子系统都不能替代其他子系统。[1] 比如，我国经济进入发展的新常态之后，创新是经济发展的驱动因素，是解决发展困境和难题的关键，即便是如此，也要在大力实现创新发展的同时，关注其他四个子系统方面的发展，而非只依靠创新就能够让中国经济进入一个发展的新领域，离开了其他四个子系统的任何一个方面，中国社会发展都是不完善的。因此新发展理念中的任何一个子系统，都有各自的作用和方针，具有不可替代性，缺一不可。[2]

2. 时代性与民族性的统一指导深化改革的价值导向

马克思主义唯物史观认为，只有对事物的特定背景、特定时代

---

[1] 参见才国伟、鲁晓东、刘乐淋：《新发展理念与中国改革的制度探索——中国制度经济学论坛（2019）综述》，《经济研究》2020 年第 2 期。

[2] 参见任保平、宋雪纯：《以新发展理念引领中国经济高质量发展的难点及实现路径》，《经济纵横》2020 年第 6 期。

特征进行准确把握，方能科学认识事物的发展。任何时代都具有特定性，只有在特定的时代背景之下了解事物的发展，才能让事物彰显时代特色和发展活力。习近平总书记关于全面深化改革的重要论述是马克思主义哲学理论与中国特色社会主义新时代改革实际状况相结合的最新理论成果。以习近平同志为核心的党中央举旗定向、谋篇定局，以马克思主义立场、观点、方法来创新和发展关于全面深化改革的重要论述，坚持辩证唯物主义和历史唯物主义的方法论，创新性地提出全面深化改革的基本内容，关键环节改革取得突破性进展，在重要领域总结出全面深化改革的基本经验。[①]

首先，从全球视野来看，促发展、谋共赢仍是国际合作的主旋律，我国的新发展理念充分符合了主旋律，适应了时代性发展的潮流，随着全球化和信息化发展的不断深入，国与国之间、民族与民族之间的联系更加紧密、距离越来越短，在此背景之下，时代精神不仅仅体现在改革创新方面，更体现在包容性发展方面，倡导国与国之间的互惠互利、合作共赢。国际社会只有实现更深切的合作，才能共同应对世界性的普遍难题，实现世界经济的共同发展，因此世界各国之间未来发展必定是合作、共赢和共享。中国提出的新发展理念充分符合国际社会发展的普遍要求，具有典型的时代特征，在破解时代难题、明确世界发展方面能够起到有效的指导作用。

其次，从国内视角来看，中国共产党对于当下的世情国情党情等进行了深入分析，明确了社会的新变化、新挑战，及时提出了新发展理念，新发展理念具有典型的时代特征，对当前重大战略能够起到思想方面的指导作用。

最后，新发展理念带有明显的民族性特征。第一，该理念是在

---

① 参见莫光辉、陈正文、王友俊：《新发展理念与精准扶贫的契合及实践路径》，《广西社会科学》2016 年第 6 期。

继承和弘扬中华民族传统思想的基础上提出的，根植于中华民族的土壤之中，是中华民族思想不可分割的一部分。比如，新发展理念中所倡导的包容、开放、协调等思想，和中国传统思想中的"有无相生""中庸""天人合一"等思想具有高度的相似性。新发展理念来自中华民族的智慧，是中华民族智慧高度凝练、创新升华的结果，因此带有鲜明的民族性特征。第二，该理念是各民族的共同愿望、具有极其广泛的认同度。该理念提出的目标就是为了满足人民群众的切身利益，让所有的社会成员都能够共享社会发展成果。

总之，新发展理念不仅具备时代性特征，而且带有鲜明的民族性特征，是两者的有效统一，是中华文化精髓的体现，这也是对深化改革最好的指导体现。[①] 新发展理念植根于中华优秀传统文化，在新时代下彰显了新的特征，为解决新的时代问题提供了理论方面的依据、思想方面的指导，这些方面为深化改革提供了有效的价值导向。

### 3. 指导性与操作性的统一指导深化改革的评价标准

新发展理念的指导性与操作性体现在能够统一指导深化改革，为深化改革提供有效的评价标准。[②] 其特征主要包含两大方面：第一，对具体实践活动的指导。马克思主义认识论强调，认识的目的和归宿就是实践，只有实践才能真正改造世界，即任何理论的提出目的都是为了更好地服务于实践。如果对实践不能起到实际指导作用，这种理论就失去实践的价值和存在的意义。新发展理念提出的目的就是为了解决新时代发展中出现的各种新问题，因此具有明显

---

① 参见祝慧、莫光辉、于泽堃：《新发展理念与少数民族地区精准扶贫的契合及实践策略——精准扶贫绩效提升机制系列研究之四》，《改革与战略》2016年第12期。

② 参见赵宇：《供给侧结构性改革的科学内涵和实践要求》，《党的文献》2017年第1期。

的实践指导性。第二，新发展理念作为实现中国社会宏伟目标的指导原则，对当前的战略布局、"两个一百年"奋斗目标、中国梦的实现等均具有重要的指导意义。

新发展理念的可指导性和可操作性统一指导深化改革的评价标准，具体体现在以下几点：第一，新发展格局的发展思路更加明确。以前五年规划重点落在对产业发展、城乡发展、基础设施建设、城镇发展等领域进行规划，而这之后的规划是从新发展理念的视角之下对经济社会发展进行规划，发展的思路更加清晰、格局更加明了、操作性更强。第二，中国发展的实质内容更加突出。以前中国发展的实质内容重点在于以量取胜，也就是说，社会整体发展水平的提升是通过数量的增加、规模的扩大来实现，显然是一种粗放式的发展，难以解决我国当前的发展困境。而基于新发展理念提出的高质量、高效益、可持续发展，从五个方面制定了发展的要求与措施，实现了各领域的协同发展。

4. 中国性与全球性的统一指导深化改革的基本航向

新发展理念是基于引领和指导中国未来发展所提出的伟大理论成果，进一步解决中国当下发展中的难题，同时还对全球性问题积极贡献出了中国方案，显示了中国的大国担当精神。随着全球化程度的不断加深，国际社会越来越重视人类共同利益的追逐，中国和世界之间联系日益紧密，如何利用好国内国外两个资源实现人类的共同发展，是当前我们必须考虑的问题。

统筹国内全局，必须充分了解我国当前国情，认识到社会主义初级阶段的发展将是一个漫长的过程。当前发展不平衡不充分问题依然严重，只有充分认识到这些薄弱环节，才能积极应对这些困难、解决难题，全面推进"五位一体"总体布局，全力以赴建设社会主义现代化。因此，新发展理念平衡和协调国内发展的矛盾，在实现全面深化改革的"四个全面"战略布局方面具有重要的指导作用。

新发展理念具备全球视野，认同国际社会的共同利益和共同发展，为人类社会的持续发展贡献了中国方案。当今国际社会，和平与发展仍然是时代主题，新发展理念就是在国际社会"谋和平""促发展"的共同要求之下被提出的。只有发展才能摆脱贫困落后的局面，才能实现综合国力的提升，才能在国际社会中赢得主导权。因此，新发展理念在指导实践方面已经成为人们普遍探索的理念，符合时代潮流，迎合国际社会的发展，能够对深化改革的实践起到指导作用。

## 二、深化改革为完整、准确、全面贯彻新发展理念提供体制机制保障

完整、准确、全面贯彻新发展理念必须有一系列体制机制作为保障，而深化改革在这方面发挥了重要作用，提供了相应的保障。

### （一）深化改革的基本特征为完整、准确、全面贯彻新发展理念提供体制机制保障

习近平总书记关于全面深化改革重要论述是在延续和发展40多年的改革开放实践基础上进行的新一轮改革探索，其内容极其丰富，并且还在继续丰富发展的过程当中。站在新时代背景下，深化改革具有鲜明的全面性、深化性、坚定性、人民性和时代性的显著特征。[①] 习近平总书记关于全面深化改革的重要论述涉及的领域之

---

[①] 参见朱小曼：《以新发展理念推进高校思想政治理论课改革创新》，《思想理论教育导刊》2020年第11期。

多、范围之广、内容之丰富是前所未有的，其主要包括内涵论、必然论、目标论、方法论四个方面。深化改革的基本特征为新发展理念提供完整的体制机制保障，具体体现在：

1. 全面性

深化改革涉及经济发展的所有领域。一方面，全面深化改革所要面对和解决的是改革开放以来累积的体制机制弊端和利益固化问题。这些问题环环相扣，只改革某一领域已经行不通，必须要改革所有领域。另一方面，改革开放是一个由浅入深、从局部到全局的过程，局部改革已经取得了阶段性成果，因此当今的全面深化改革也必须站在全局的高度改革所有领域。此外，我国发展不平衡、不充分的社会主要矛盾也决定了全面深化改革必须顾及所有领域、所有方面，改革任务要落实到政治体制、经济体制等方面，使全面深化改革囊括生产力和生产关系的改革、经济基础和上层建筑的改革、内政和外交方面的改革等，为全面建设社会主义现代化国家打下坚实基础。

2. 深化性

改革永无止境。改革开放经过 40 多年的摸爬滚打，低层次改革已经完成。为适应中国新时代发展，改革已进入深水区，面对的都是一些难啃的骨头，因此我国必须继续全面深化改革，用改革的办法解决在前进中遇到的诸多矛盾和难题。目前在深水区遇到的问题的解决难度将远胜于以往，我们还需"摸着石头过河"以抓住重点问题，并围绕重点问题摸索前进，不断攻坚克难，解决最根本的问题。当前进行的全面深化改革，党中央对各个领域都作出了深入性的战略部署，直面既得利益的阻碍，不断调整和完善利益关系。深化性是习近平总书记关于全面深化改革重要论述的鲜明特色。

### 3. 坚定性

习近平总书记关于全面深化改革重要论述的总目标即坚持和完善中国特色社会主义制度决定了我国的全面深化改革具有坚定性，即坚持社会主义方向不动摇。[1] 坚持社会主义道路和方向是我国进行改革开放的基础，如果脱离这个基础，无论采取何种改革方法、改革手段都无法促进我国社会主义的发展。在过去的改革进程中，我国在享受改革带来的巨大红利的同时，也承受着诸多恶果，有许多方面的改革成效不尽如人意，导致一些目光短浅的群体认为我国的改革开放走在错误的道路上，有一部分人主张放弃社会主义道路而走资本主义道路，他们分不清哪些方面可以改，哪些方面不能改——改革，不能在根本性问题上出现颠覆性错误，我国既然是社会主义国家，一定是在坚持社会主义道路的基础上进行改革。

### 4. 人民性

历史是由人民创造的，尊重人民、为人民服务是我党的一贯宗旨，也是全面深化改革的根本归宿。习近平总书记关于全面深化改革重要论述的人民性体现在两个方面：一方面，改革为了人民，人民有所呼，改革有所应；另一方面，在目前的发展背景之下，全面深化改革的根本性标准是经济发展为人民带来实实在在的利益和福利，调动人民群众的积极性，使人民群众形成强大合力。

### 5. 时代性

一个时代有一个时代的问题。步入新时代，中国的全面深化改革有新的时代特点。习近平总书记关于全面深化改革重要论述在具体实施方案上，真真正正体现了新时代的发展特色。新时代的世

---

[1] 参见石亚军：《新发展理念的核心是高质量发展——在准确识变、科学应变、主动求变中强化育先机、开新局的政府担当》，《人民论坛·学术前沿》2020年第22期。

情、国情、党情与过去相比已经发生了翻天覆地的变化，新的国际环境、新的国内发展模式、新的创新成果等因素，都推动着全面深化改革做到与时俱进。墨守成规、老套守旧的改革思路，已经适应不了新时代的发展要求，所以要大刀阔斧地改变传统思路，创新推动发展。习近平总书记关于全面深化改革重要论述是在中国特色社会主义新时代国情下形成的改革思想，是针对现实问题而提出的改革方案，深刻反映了时代性特征。

### （二）深化改革的方法论为完整、准确、全面贯彻新发展理念提供体制机制保障

改革开放是一项崭新的事业，没有任何的经验可以遵循①，习近平总书记在坚持马克思主义、继承历代中国共产党人科学改革方法论的基础上，总结出了一套适合全面深化改革的方法论。新发展理念是结合当前我国发展历程当中的显著问题及主要矛盾而提出的，全面贯穿于十分突出的问题导向。在实践活动当中探寻问题并解决问题，这是对世界进行认识和改造的一种关键方法。这一理念将问题作为主要导向，进一步指向我国在发展过程当中存在的显著问题和重要矛盾。深化改革的方法论为新发展理念提供准确的体制机制保障，主要体现在：

1. 解放思想与实事求是为新发展理念提供动力源泉

解放思想与实事求是既是我们党进行 40 多年改革开放的智慧结晶，也是贯穿习近平总书记关于全面深化改革重要论述的重要原则和逻辑思路。解放思想要求我们要敢于破除改革障碍、挣脱旧观念束缚。解放思想不是主观臆想，而是要找准改革中首先要解决的

---

① 参见杨嘉懿：《以新发展理念破解经济发展的不平衡不充分》，《理论月刊》2019 年第 2 期。

突出问题。尤其是目前我国已经进行了 40 多年的改革，好改易改的已经完成，剩下的都是复杂的困难的改革，必须冲破固有的观念。如果依旧坚持僵化老旧的思想，我们就难以察觉改革的真正阻力以及改革背后的突出矛盾，更不会找准进行改革的突破口，更难提出与之相配套的政策措施。

中国共产党人始终坚持用实事求是的原则来解决改革中遇到的各种难题和挑战。我国之所以能够实行改革开放的伟大决策，最重要的原因就是恢复和重申了实事求是的思想路线和基本方法。如今改革面临的问题更加繁杂、面临的矛盾更加突出。只有坚持实事求是，才能准确把握时代环境，正确分析改革的突出问题和矛盾，才能发现问题，最终形成关于改革的正确路线方针和指导思想。

实事求是和解放思想在全面深化改革的过程中缺一不可。全面深化改革的关键是要有敢于改革的决心和敢于创新的勇气，不解放思想就谈不上敢闯敢试，就可能会走老路，丧失了实践意义，更别提创新发展了。但同时，只讲思想解放不讲实事求是就相当于空口白话、纸上谈兵，更容易出现原则性的失误。全面深化改革既不能封闭守旧，也不能脱离客观实际；既要勇于探索创新，又要脚踏实地。

2. 处理好改革发展与稳定的关系为新发展理念提供发展平衡机制

实现改革发展与稳定的动态平衡是进行改革的必然选择[1]，实践证明，我国今天之所以能与世界人民共创辉煌、共襄盛举，与处理好三者关系休戚相关。

---

[1] 参见杨根乔：《论习近平以人民为中心的新发展理念》，《当代世界与社会主义》2019 年第 2 期。

习近平总书记论述了三者之间的关系是密不可分、相辅相成的，是社会建设中的一体三面。改革是推动社会发展、保持社会稳定的动力之源；发展是全面深化改革、实现稳定增长的目标；稳定是推动深化改革、取得可持续发展的基本前提。把握好改革的力度、发展的速度和社会可承受的程度，使其形成社会主义大局中的最优组合，达到最优效果。

处理好三者之间关系，就要做到"四个准确把握"。首先，是准确把握改革发展稳定的平衡点。这就要求我们科学合理地处理各方关系，特别是要注重在促进社会稳定的基础上寻找改革的最大公约数，聚焦改革中遇到的最突出、最紧迫的问题，推进社会稳步发展。其次，要准确把握近期目标和长期发展的平衡点。强调充分把握好长期效益和短期成效之间的关系。只追求短期利益，无异于剜肉补疮、竭泽而渔；但只注重规划长远目标而忽视短期成效，那么就相当于纸上谈兵、两手空空。因此我国在改革中既强调短期成果的获得，也要深谋远虑。如将脱贫、绿色发展、可持续发展等作为当前发展的重点，取得的成效立竿见影，从长远来看更是利国利民的重要举措。再次，要准确把握改革发展的着力点。要发掘社会发展的内在动力，就必须牢牢把握住改革这一重要利器。充分发挥市场的作用，实现资源的合理配置，提高效率。抓住改革的主攻方向重点推进，尤其是金融、科技、财税等环节的改革，进一步增强经济发展的内在潜力。最后，要准确把握经济社会发展和改善人民生活的结合点。也就是在保持经济平稳运行、稳步增长的基础上，增加民生投入力度，带给人民更加实在的利益、更加舒适的环境、更加安全的空间。

### 3. 摸着石头过河与顶层设计相结合为新发展理念提供敢于探索的源泉

目前，我国经济社会发展已经进入了新的发展阶段，一方面许多新矛盾和问题接踵而来，另一方面旧问题、旧矛盾也亟待解决。坚持"加强顶层设计与摸着石头过河相结合"的方法是破解这些新旧问题的根本。

加强顶层设计与摸着石头过河相结合，有两层的含义：第一层含义是"顶层设计"作为一种战略实施途径是建立在正反两方面经验基础上的。习近平总书记强调，"必须更加注重改革的系统性、整体性、协同性，统筹推进重要领域和关键环节改革"①。随着时间的推进，改革逐渐进入了矛盾的凸显期和问题的涌现期。另外随着改革的发展，一些利益群体逐渐固化和稳定。习近平总书记强调要突破利益固化的藩篱，在改革过程中必然会涉及重大利益调整，要时刻警惕利益的固化，必须更加注重顶层设计，进行自上而下的强有力改革，充分把握局部改革以及阶段性改革的进展。习近平总书记强调，"全面深化改革是一个复杂的系统工程，单靠某一个或某几个部门往往力不从心，这就需要建立更高层面的领导机制。"② 党中央要从全局去把握改革力度和深度，在全局基础上注重顶层设计，统筹推进各领域深化改革。第二层含义是全面深化改革离不开"摸着石头过河"，即要勇于尝试、敢于试点先行。习近平总书记的"摸着石头过河和加强顶层设计是辩证统一的"论断进一步明确了这个改革方法论是适用于新时代中国国情的。我国已经进入了新的历史方位，面临的国内国际的形势相对来说比较

---

① 《习近平关于全面深化改革论述摘编》，中央文献出版社 2014 年版，第 30 页。
② 《习近平谈治国理政》，外文出版社 2014 年版，第 86 页。

复杂，因此在注重整体思维和理性建构的同时，以试点探索和基层实践推进全面改革。

4. 整体推进和重点突破的统一为新发展理念提供内外联动

整体推进是指我们进行的各个领域的改革同属于一个大局，"每一项改革都会对其他改革产生重要影响，每一项改革又都需要其他改革协同配合"①。由此可见，涉及经济、政治、社会、文化、生态文明等各个领域的巨大改革系统，如果不坚持整体推进，那么某一领域就有可能成为中国发展的短板，也会影响其他领域和环节的改革。因此修修补补的改革已经不能解决当今中国发展存在的问题，必须要以点、线、面全方位、立体性的方式来继续深化推进改革。

与此同时要清楚，当前我国深化改革面临着比以往更加复杂的利益环境、更加深入的矛盾，顺利进行改革的首要前提就是要有条不紊地找准改革的突破口和着重点。找不到改革的突破口，分不清主次先后，那么改革就会无所适从。正是基于现实需要和未来推进改革的考虑，我们既抓重要领域、重要任务、重要试点，又抓关键主体、关键环节、关键节点，以重点带动全局——三个重要、三个关键在整体推进中既要注重改革的全局性、整体性，又要注意抓住要害性问题，以问题为导向，突出重点，在发现和解决问题中使改革进一步深化。

习近平总书记强调，在全面深化改革过程中党员干部尤其是领导干部必须要从两个方面下工夫。一方面，要立足整体认清重点领域，在整体谋划的同时要为关键领域创造条件，正所谓"鸟在林则乐，离群则悲"，必须从整体出发把握各个部分的特点、规律、

---

① 张乾元、谢文娟：《论新发展理念的内在逻辑》，《中州学刊》2017 年第 1 期。

属性，进而分清主次、重点。另一方面，以重点突破作为关键的抓手，推进整体改革。既要兼顾到改革的方方面面，又要重点突出牢牢扭住直接关系改革大局的"牛鼻子"，以重点发力来带动整体，实现改革最优效果。

### （三）深化改革的时代价值为完整、准确、全面贯彻新发展理念提供体制机制保障

思想付诸实践才能彰显理论价值，习近平总书记关于全面深化改革的重要论述必将在当下及今后相当长的时间内成为实现中国梦的助推器，同时也为世界其他转型国家提供了改革经验。

1. 助推中国梦的实现

习近平总书记指出中国梦的基本内涵就是要实现国家富强、民族振兴、人民幸福。全面深化改革进一步破除了全面建成小康社会和实现中国梦的障碍。① 中国特色社会主义制度为我国经济社会发展提供了根本的制度保障体系。但是我国目前的制度体系离成熟、定型、完备的社会主义制度目标还有一段距离。诸如市场体系尚不成熟，经济发展方式未能根本扭转等各个方面的体制机制弊端依然存在，城乡、区域发展不协调，贫富差距较大等，这都制约和阻碍了中国梦的实现。全面深化改革是变革、优化制度体系的必要途径，改革所产生的矛盾与问题只能用改革的办法加以破解。

全面深化改革为中国梦提供了强大的精神动力。从过去 40 多年的改革进程中可以看出，改革开放的过程，不仅仅是一个破解发展难题的过程，同时也是弘扬中华民族精神、凝聚中国改革力量的过程。在这一伟大进程中激发了以爱国主义为核心的民族精神，充

---

① 参见张峰：《新发展理念与供给侧改革内在契合的政治经济学分析》，《现代经济探讨》2017 年第 2 期。

分体现了以改革创新为核心的时代精神的价值，这些宝贵的精神财富为实现中国梦提供了强大精神支撑以及巨大精神动力。除此以外，改革开放调动了人民群众的积极性、主动性，激发了人民的创业活力——无数实业家、创业家在改革开放的进程中实现社会价值。此外，改革开放促进了国内各族人民和世界人民的大团结。全面深化改革是新时代改革发展战略，将为中国梦的实现提供强大精神动力。

2. 为其他转型国家的改革和发展提供借鉴

我国改革开放已经走过 40 多个年头，取得了举世瞩目的成就，同时积累了丰富的改革经验、形成了宝贵的改革理论。自全面深化改革的元年（2014）至今，至今已经走过了 9 年多时间，改革的进程和探索经验不仅对中国有着深远的影响和重大战略意义，对其他转型国家乃至整个国际社会都具有重要意义。

改革开放前我国选择了计划经济体制作为主要经济制度，改革开放后我国在保持社会稳定的前提下顺利实现了从计划经济体制到中国特色社会主义市场经济的转变，又在社会稳定前提下取得了经济的快速发展——自 20 世纪 90 年代以来，许多国家都在不同程度上学习、借鉴、应用了中国的改革经验——这对其他社会主义国家以及转型国家有一定的借鉴意义。除此以外，我国是一个具有特殊历史的发展中大国和具有悠久历史文化的文明古国，这类国家都有着人口众多、区域差异明显、发展不平衡、民族文化多元等特点，国家复兴的道路更加复杂多变，这些国家可学习中国的改革实践与改革经验，同时结合自身实际，探索出适合本国国情的改革之路。

中国有着占有世界五分之一左右的人口、同时拥有世界四分之一左右的劳动力的特点，在全球的发展前进中占据着举足轻重的位置。改革开放 40 多年来，中国经过经济的高速发展对世界经济的发展贡献量不容小觑，同时我国的经济增长贡献率在世界上已经多年位居首位——我国经济发展为全球经济增长的巨大贡献离不开改革这一正确决策所带来的发展红利。

自全面深化改革战略实施以来，我国除了在传统行业上对世界经济增长有着巨大贡献外，科技创新的成果也日益在对世界经济增长贡献中崭露头角。改革开放以及全面深化改革伟大进程在积累了成熟的改革方法、改革举措、改革经验之余，终将给中国人民和世界人民带来巨大福祉。

# 第六章　贯彻新发展理念必须坚持系统观念

　　党的十九届五中全会把"坚持系统观念"作为我国"十四五"时期经济社会发展必须遵循的重要原则之一，党的二十大将"必须坚持系统观念"作为习近平新时代中国特色社会主义思想的世界观和方法论。这都反映了以习近平同志为核心的党中央高瞻远瞩的战略眼光和整体谋划的远见卓识。党的十八大以来，以习近平同志为核心的党中央坚持系统谋划，运用系统观念统筹推进党和国家各项事业，根据新的实践需要，形成一系列新布局和新方略，带领全党全国各族人民取得了历史性成就、发生了历史性变革。坚持系统观念意味着党中央对社会主义建设规律的认识和把握达到一个新高度。回顾过去，总结经验；立足当下，开启新篇。面对当前我国发展环境深刻复杂变化，发展不平衡不充分问题仍然突出，经济社会发展中矛盾错综复杂，必须从系统观念出发谋划和解决，全面协调推动各领域工作和社会主义现代化建设。

何谓系统观念？如何坚持系统观念？系统观念是辩证唯物主义的重要认识论方法论。坚持发展地而不是静止地、辩证地而不是形而上学地、全面地而不是片面地、系统地而不是零散地、普遍联系地而不是孤立地观察事物，是马克思主义唯物辩证法的根本要求。党的十九届五中全会通过的《建议》中对坚持系统观念的内涵作出明确要求。"加强前瞻性思考、全局性谋划、战略性布局、整体性推进，统筹国内国际两个大局，办好发展安全两件大事，坚持全国一盘棋，更好发挥中央、地方和各方面积极性。"党的二十大报告指出，我们要善于通过历史看现实、透过现象看本质、把握好全局和局部、当前和长远、宏观和微观、主要矛盾和次要矛盾、特殊和一般的关系，不断提高战略思维、历史思维、辩证思维、系统思维、创新思维、法治思维、底线思维能力，为前瞻性思考、全局性谋划、整体性推进党和国家各项事业提供科学思想方法。"前瞻性思考、全局性谋划、战略性布局、整体性推进"指出全面建设社会主义现代化国家应处理好当下与未来、全局与局部、战略与战术、重点与非重点等重大关系，为我们在实践中坚持系统观念指明了方向和路径。新发展理念是一个系统的理论体系，也是一个整体，完整准确全面贯彻新发展理念，必须坚持系统观念。坚持系统观念，要"统筹国内国际两个大局，统筹'五位一体'总体布局和'四个全面'战略布局"，加强前瞻性思考、全局性谋划、战略性布局、整体性推进。

习近平总书记对坚持系统观念的总要求作出明确概括，同时作出具体部署。

## 一、世界百年未有之大变局

不谋全局者，不足谋一域。树立世界眼光，具备全局意识，是党的历届中央领导集体治国理政的重要政治智慧和宏伟韬略。从毛泽东同志提出的"三个世界"理论，到邓小平同志推动改革开放事业，提出沿海地区要帮助内地发展的"两个大局"思想，以及江泽民同志、胡锦涛同志对邓小平"两个大局"战略思想的丰富和发展，统筹好国内国际两个大局不仅体现着党中央治国理政的深刻智慧，同时也是推动我国经济社会发展的宝贵经验。党的十八大以来，以习近平同志为核心的党中央高瞻远瞩、审时度势，准确判断我国发展环境变化、把握国内国际局势，提出"统筹中华民族伟大复兴战略全局和世界百年未有之大变局"的重大判断。这一重大判断是以习近平同志为核心的党中央立足新发展阶段对国内国际发展大势的科学研判和精辟概括，也是回答"世界怎么了？中国怎么办？"时代之问的中国答案。正确认识这一判断的重大意义、丰富内涵，对于我们正确把握统筹"两个大局"的工作要求具有重要意义。

### （一）深刻领会统筹"两个大局"的重大意义

统筹"两个大局"是对我国发展环境的正确战略判断。从提出过程来看，"统筹中华民族伟大复兴战略全局和世界百年未有之大变局"论断是随着"十四五"规划《纲要》的出台而逐渐清晰完善的。"十四五"时期是我国全面建成小康社会、实现第一个百年奋斗目标之后，乘势而上开启全面建设社会主义现代化国家新征程、向第二个百年奋斗目标进军的第一个五年。党的二十大擘画了以中国式现代化实现中华民族伟大复兴的目标和任务，深刻理解"两个大局"对于实现第二个百年奋斗目标同样具有重要的意义。

立足国内，实现中华民族伟大复兴仍然是近代以来中华民族的伟大梦想，这一梦想凝聚了几代中国人的夙愿。只有曾经辉煌过的民族才有资格谈"复兴"。中华民族拥有五千多年的文明史，创造了悠久灿烂的中华文明，为人类作出卓越贡献，在历史上曾经长期走在世界前列。近代以后，中华民族陷入内忧外患，逐渐走向没落。无数仁人志士为了实现中华民族伟大复兴进行了可歌可泣的不懈奋斗，中国共产党一经成立就承担起实现中华民族伟大复兴的历史使命，从救国、兴国到强国，古老的中华民族在中国特色社会主义进入新时代焕发出蓬勃生机，迎来伟大复兴的光明前景。在中国共产党百年诞辰之际，决胜全面建成小康社会取得决定性成就，标志着实现中华民族伟大复兴迈出了关键一步。习近平总书记指出：我们决不能骄傲自满、止步不前，要继续谦虚谨慎、戒骄戒躁，继续艰苦奋斗、锐意进取，为实现第二个百年奋斗目标、实现中华民族伟大复兴而奋力拼搏，为人类和平与发展的崇高事业不断作出新的更大贡献。因此，紧紧围绕实现中华民族伟大复兴的目标，服务于中华民族伟大复兴战略全局，是对近代以来中华民族发展走向的正确判断和规律总结。

放眼世界，随着新一轮科技革命和产业变革深入发展，国际力量对比深刻调整，世界发展格局正处于前所未有大变动之中。15世纪始，新航路的开辟打破了世界各大洲相对孤立状态，世界连为一个整体，英美资本主义国家凭借殖民掠夺和工业革命迅速崛起。19世纪末20世纪初，随着各资本主义国家在世界范围内瓜分掠夺，帝国主义殖民体系形成。随着社会主义国家苏联崛起，在第二次世界大战后形成了建立在雅尔塔体系之上的以美、苏为首的两极格局和战后国际政治经济秩序。20世纪80年代末90年代初苏联解体，标志着两极格局瓦解，世界朝多极化趋势发展。20世纪80年代，邓小平通过客观分析和冷静观察国际大势，提出"和平和发展是当代世界的两大问题"。步入21世纪，随着经济全球化和世界多极化深入发展，世界形势总体上趋于缓和，但局部冲突和热点不断。当前和今后一个时期，和平和发展仍是时代主题。同时应看到，国际环境日趋复杂，不确定性明显增加。世界进入动荡变革期，单边主义、保护主义、霸权主义对世界和平与发展构成威胁。党的十八大以来，久经磨难的中华民族迎来了站起来、富起来、强起来的伟大飞跃，中国从近代以来被动裹挟着卷入世界资本主义体系，到今天成为影响世界大变局的重要促变因素。与此对比，西方发达国家的实力地位却相对下降，这是自西方以来500年未有之大变局。中华民族伟大复兴战略全局的推进，必将加速世界大变局的演进。

## （二）全面认识统筹"两个大局"的提出过程

从"统筹国内国外两个大局"到"统筹中华民族伟大复兴战略全局和世界百年未有之大变局"之变，体现着以习近平同志为核心的党中央用全面辩证发展的眼光看待"两个大局"的战略思维。习近平总书记指出："更好统筹国内国际两个大局，坚持开放的发展、合作的发展、共赢的发展，通过争取和平国际环境发展自己，又以自身发展维护和促进世界和平。"① 习近平总书记从实现

---

① 《习近平谈治国理政》，外文出版社2014年版，第247页。

中华民族伟大复兴中国梦这一奋斗目标出发，指出和平的国际环境是中国和世界顺利发展的重要条件。因此，统筹好国内国际两个大局，走和平发展道路，是顺应时代发展潮流和我国根本利益的战略抉择。这里的"两个大局"侧重指国内国外实践场域的不同，中国作为世界上最大发展中国家和第二大经济体与世界的深度互动关系。

随着国际形势风云变化，改革开放向纵深推进。"两个大局"的内涵愈益丰富，蕴含着鲜明的战略指向和目标导引。习近平总书记在接见2017年度驻外使节工作会议时指出，放眼世界，我们面对的是百年未有之大变局。这一判断是习近平总书记在深入总结十八大以来我国外交工作取得的重大成就，继续推进中国特色大国外交，对当前国际局势和时代潮流作出的重要判断，丰富了"两个大局"思想的内涵。习近平总书记从大历史观的角度，回顾中国近代以来的发展历程，指出世界百年未有之大变局正为中国的发展提供千载难逢的发展机遇期，中国与世界在交流互动中相生相成。其中，习近平总书记提到要树立正确的"历史观、大局观、角色观"来把握国际局势，为把握国内国外两个大局提供了方法论指导，也为"统筹中华民族伟大复兴战略全局和世界百年未有之大变局"判断的提出做了良好铺垫。

"两个大局"内涵在实践中逐渐明晰，其内在的辩证统一关系也得到具体阐明。习近平总书记指出，领导干部要胸怀两个大局，一个是中华民族伟大复兴战略全局，一个是世界百年未有之大变局，这是我们谋划工作的基本出发点。这是习近平总书记针对领导干部这一"关键少数"统筹国内国外两个大局作出的明确要求，也是对"两个大局"内涵的首次完整表述。这里的"两个大局"不仅指实践场域的变化，更蕴含着党中央对我国发展环境的重要价值判断。中华民族伟大复兴战略全局要义在"全",世界百年未有之大变局突出在"变",在把握"全"与"变"中认识"危"与"机",抓住机遇,应对挑战,才能在化"危"为"机"中办好自己的事。

认清"时"与"势"是准确把握统筹"两个大局"的关键。习近平总书记指出,当今世界正经历百年未有之大变局,但时与势在我们这一边,这是我们定力和底气所在,也是我们的决心和信心所在。时与势在我们这一边,机遇大于挑战,这一阐述在坚持两点论中把握重点论,为我国进入新发展阶段、贯彻新发展理念、构建新发展格局鼓起信心和提振精气神。至此,"两个大局"判断是以习近平同志为核心的党中央运用辩证唯物主义和历史唯物主义世界观和方法论,在实践创新中科学认识中国与世界发展大势,立足于中华民族伟大复兴世纪伟业,循序渐进提出的科学判断。要在全面认识"两个大局"判断的提出过程中,深刻领会统筹"两个大局"的基本要求。

### (三)准确把握统筹"两个大局"的基本要求

中国发展离不开世界,世界发展离不开中国。"中华民族伟大复兴战略全局"要在"世界百年未有之大变局"中推进,统筹"两个大局"是中国共产党在新时代的历史担当。统筹中华民族伟大复兴战略全局和世界百年未有之大变局,要"深刻认识我国社会主要矛盾变化带来的新特征新要求,深刻认识错综复杂的国际环境带来的新矛盾新挑战"。准确把握统筹"两个大局"的基本要求,必须坚持"两个深刻认识"。

## 1. 深刻认识我国社会主要矛盾变化带来的新特征新要求

辩证唯物主义认为，人类社会是在矛盾运动中不断前进的。社会主要矛盾在社会矛盾运动中居于主导地位，它的存在和发展影响着其他矛盾的存在和发展。因此，社会主要矛盾的变化是关系全局的历史性变化，对党和国家提出了许多新要求。习近平总书记在党的十九大报告中指出：中国特色社会主义进入新时代，我国社会主要矛盾已经转化为人民日益增长的美好生活需要和不平衡不充分的发展之间的矛盾。进入新时代，社会主要矛盾的变化表现出一系列新特征新要求。人民对美好生活的向往更加广泛，不仅对物质文化生活的要求更高，而且在民主、法治、公平、正义、安全、环境方面的要求日益增长。换言之，人民群众的需求在物质文化需求层面，由生存型需求变成了发展型需求，从过去注重"有没有"转变为更加注重质量"好不好"。另外，我国社会生产力水平虽然从总体上显著提高，但是发展不平衡不充分的问题更加突出。满足人民群众对美好生活的向往，充分解决发展不平衡不充分的问题，是统筹"两个大局"重点解决的关键问题。

实现人民群众美好生活的向往，意味着要在更深层次增进民生福祉。习近平总书记强调：为了不断满足人民群众对美好生活的需要，我们就要不断制定新的阶段性目标，一步一个脚印沿着正确的道路往前走。进入新发展阶段，人民对美好生活的需要呈现多样化、多层次、多方面的特点。要始终遵循以人民为中心的发展原则，实现更加充分更高质量就业，更高的居民收入，更好的公共服务，更加健全的社会保障体系，更加完善的卫生健康体系等目标，从不同层次、不同方面满足人民群众对美好生活的需要、增进民生福祉。脱贫攻坚战的全面胜利，标志着中国共产党在团结带领人民创造美好生活、实现共同富裕的道路上迈出了坚实的一大步，也是解决发展不平衡不充分问题的关键之举。然而脱贫摘帽不是终点，而是新生活、新奋斗的起点。解决发展不平衡不充分问题、缩小城乡区域发展差距、实现人的全面发展和全体人民共同富裕仍然任重道远。全面实施乡村振兴战略，是立足新发展阶段、贯彻新发展理念、构建新发展格局新形势新要求提出的实现中华民族伟大复兴一项重大任务。在全面建设社会主义现代化国家新征程中，要把促进全体人民共同富裕摆在更加重要的位置，应对社会主要矛盾变化带来的新需求，切实增强人民群众的获得感、幸福感、安全感。

　　2. 深刻认识错综复杂的国际环境带来的新矛盾新挑战

　　当前，世界之变、时代之变、历史之变正以前所未有的方式展开。一方面，和平、发展、合作、共赢的历史潮流不可阻挡，人心所向、大势所趋决定了人类前途终归光明。另一方面，恃强凌弱、巧取豪夺、零和博弈等霸权霸道霸凌行径危害深重，和平赤字、发展赤字、安全赤字、治理赤字加重，人类社会面临前所未有的挑战。世界又一次站在历史的十字路口，何去何从取决于各国人民的抉择。

　　中国始终坚持维护世界和平、促进共同发展的外交政策宗旨，致力于推动构建人类命运共同体。人类只有一个地球，各国共处一个世界。全球 190 多个国家、约 70 亿人口，我们因何而紧密相连、为何不该一意孤行，未来又将走向何方？迈向人类命运共同体，这是中国领导人基于对历史和现实的深入思考给出的"中国答案"。从党的十八大明确提出"要倡导人类命运共同体意识，在追求本国利益时兼顾他国合理关切"，2013 年习近平总书记在莫斯科国际关系学院首次向国际社会提出命运共同体理念，到党的十九大报告指出，坚持和平发展道路，推动构建人类命运共同体。党的二十大报告指出，构建人类命运共同体是世界各国人民前途所在。万物并育而不相害，道并行而不相悖。只有各国行天下之大道，和睦相处、合作共赢，繁荣才能持久，安全才有保障。人类命运共同体理念和实践逐渐获得国际社会的广泛认可。在抗击新冠疫情中，中国不仅率先控制住疫情，积极向各国施以援手，同时无偿向各国提供疫苗援助，推动共建人类卫生健康共同体。中国以自身的实际行动诠释了构建人类命运共同体的重要性和紧迫性。面对世界百年未有之大变局，中国必将高举和平、发展、合作、共赢旗帜，坚持独立自主的和平外交政策，推动构建人类命运共同体，使全球治理体系朝着更加公正合理的方向发展。

## 二、统筹发展和安全

习近平总书记在党的二十大报告中强调，必须坚定不移贯彻总体国家安全观，把维护国家安全贯穿党和国家工作各方面全过程，确保国家安全和社会稳定。这对在复杂环境下更好推进我国经济社会发展具有重大指导意义。

### （一）深刻领会"统筹发展和安全"的重大意义

统筹发展和安全是从中国近代以来的历史遭遇中得来的深刻教训。无论是对个人还是对国家，安全始终是头等重要的大事。没有安全，个人价值的实现、国家能力的贯彻就无从谈起。近代以来，西方资本主义的迅猛发展，西方列强纷纷进行对外扩张，抢夺新的原料生产地，扩展新的商品倾销地，肆意攫取世界其他国家的物资和精神财富。由于晚清政府的腐败无能，根本无法抵御西方列强的侵略魔爪，无法保护群众的生命安全，只能一次又一次签下丧权辱国的不平等条约，沦为半殖民地半封建社会。近代中国一度失去了捍卫主权和维护自身安全的基本能力，成为被列强瓜分的对象，给中华民族留下了惨痛教训与深刻记忆。不仅是中国，广大亚非拉地区的殖民地半殖民地，无不成为西方列强侵略魔爪下的受害者。新中国的成立彻底结束了中华民族任人宰割的历史，中国人民从此站起来了。在中国共产党的领导下，新中国打赢了抗美援朝、对印自卫反击战等大小战斗，提升了新中国的国际地位，维护了周边环境的总体稳定，为新中国经济事业的发展提供了可靠保证。当然，不得不看到的是，那时新中国成立不久，一穷二白，百废待兴，经济不发达、工业实力单薄、综合国力不强，不仅在战争中的后勤补给、物资供应上吃了很多亏，而且在国内经济建设与社会发展上受到更加明显的制约。为了彻底扭转这种局面，以毛泽东为代表的中国共产党人为新中国确立了优先发展重工业的战略部署，千方百计建立中国自己的工业体系，力求不再受制于人。经过40多年的改革开放，我国经济快速发展，工业实力、经济实力、综合国力有了质的飞跃。党的十八大以来，中国特色社会主义事业进入新时代，面对我国经济社会显现的一系列深刻变化，我们党坚定不移贯彻新发展理念，不断提升发展质量和效益，同时又不断开创强军兴军新局面，全力推进国防和军队现代化，国防和军队改革取得历史性突破，军事斗争准备取得了重大进展。发展和安全是一个国家的两大支柱。中国近代以来的历史遭遇深刻启示我们，既要求发展，又要谋安全，二者绝不能偏废。

统筹发展和安全是实现第二个百年奋斗目标的必然要求。党的十九大报告提出，改革开放之后，我们党对我国社会主义现代化建设作出战略安排，提出"三步走"战略目标。解决人民温饱问题、人民生活总体上达到小康水平这两个目标已提前实现。在这个基础上，我们党提出，"到建党一百年时建成经济更加发展、民主更加健全、科教更加进步、文化更加繁荣、社会更加和谐、人民生活更加殷实的小康社会，然后再奋斗三十年，到新中国成立一百年时，基本实现现代化，把我国建成社会主义现代化国家"。在以习近平同志为核心的党中央的坚强领导下，通过全党全国各族人民的不懈奋斗，我国成功实现第一个百年奋斗目标，继续团结带领人民朝着实现第二个百年奋斗目标前进。越是前景光明，越是要增强忧患意识，做到居安思危。实现第二个百年奋斗目标，迈进全面建设社会主义现代化国家新征程，不可能一帆风顺。正如习近平总书记所指出的，"经济发展面临的国际环境和国内条件都在发生深刻而复杂的变化，推进供给侧结构性改革过程中不可避免会遇到一些困难和挑战，经济运行稳中有变、变中有忧"，"世界大变局加速深刻演变，全球动荡源和风险点增多，我国外部环境复杂严峻"。① 因此，面对波谲云诡的国际形势、复杂敏感的周边环境、艰巨繁重的改革发展稳定任务，我们必须始终保持高度警惕，统筹好发展和安全这两件大事，一件也不能放松，既聚焦重点又统揽全局，有效防范各类风险，保证经济社会平稳向前。

统筹发展和安全是把握发展和安全之间关系的内在要求。发展和安全，作为国家发展过程中的两大关键要素，相辅相成、相互支持、不可分割。习近平总书记指出：安全是发展的前提，发展是安全的保障。安全和发展，任何时候都不能偏废。党的二十大报告中，"发展"出现 239 次，"安全"出现 91 次，这充分说明发展和安全将是贯穿新发展阶段的两件大事。

安全是发展的前提。没有安全的发展是脆弱的、不稳定的。安

---

① 《习近平谈治国理政》第三卷，外文出版社 2020 年版，第 220、222 页。

全不足的发展是无法经受住风浪考验的。我们党要巩固执政地位，要团结带领人民坚持和发展中国特色社会主义、实现社会主义现代化建设事业，保证国家安全是头等大事。新中国成立以来 70 多年里，改革开放走过的 40 多年里，因为有了中国共产党的领导，有了几十年中国社会的安全稳定，为我国经济建设提供了可靠保障，我国才能比较平稳地走上工业化进程，建成了世界上最完备的工业体系，稳居世界第二大经济体，成为世界制造业第一大国、货物贸易第一大国、外汇储备第一大国，连续多年对世界经济增长贡献率达到 30% 左右。实践证明，我国社会的整体安全和稳定为改革开放和社会主义现代化建设营造了良好环境。与此同时，我们也要看到，国内国际上的反华势力，不愿看到中华民族的强大与崛起，已经开始采取各种手段，明目张胆地意欲阻断中华民族复兴之路。历史和现实已经证明，我们的国家安全、独立自主只能靠我们自己，我们既不能像晚清政府那样低头认输，也不会像某些小国通过成为其他大国的依附以求得自身安全。

发展是安全的保障。没有发展的安全是不可持续的。发展不足的安全是严重缺乏后劲、动力严重不足的。作为国家安全事业的关键部分，军队的建设发展深刻体现了这一点。改革开放之初，那时我国的经济实力不强，物质基础很薄，为了根本改变这种落后的面貌，求得国家的长久发展、人民生活的根本改善，国防建设事业不得不作出牺牲。为此，邓小平同志坚决要求军队"忍耐几年"。但是作为社会主义现代化建设事业的重中之重，国防现代化必不可少。为此，邓小平告诫全党："四化总得有先有后。军队装备真正现代化，只有国民经济建立了比较好的基础才有可能"。"到本世纪末我们肯定会超过翻两番的目标，到那个时候我们经济力量强了，就可以拿出比较多的钱来更新装备……现在就是要硬着头皮把经济搞上去，就这么一个大局，一切都要服从这个大局。"根据邓小平的指示，经过改革开放40多年的发展，随着我国经济实力的不断增强，不断加大科技研发投入，我国的军事装备不断更新换代，军事实力与世界先进水平不断缩小，甚至在诸多领域处于领先地位。人民军队不仅是捍卫国家领土完整、防范外来侵略的坚强柱石，而且是保护人民生命安全的坚强后盾。无论是在抗击唐山大地震、汶川大地震、玉树大地震、1998年特大洪水、2008年南方雨雪冰冻灾害等自然灾害，还是抗击2003年非典型肺炎、2020年新冠等流行疾病，在各种危难之际，人民军队始终冲锋在前、干事在前，保障了人民群众生命安全。曾有灾区老百姓感慨："看到了解放军来了，大家就放心了。"

党的十八大以来，身处"百年未有之大变局"的历史时刻，面对复杂多变的国际形势、艰巨繁重的国内改革发展稳定任务，在以习近平同志为核心的党中央的坚强领导下，坚持统筹发展和安全两件大事，保证了经济持续健康发展和社会大局稳定。统筹发展和安全，是今日之中国实现中华民族伟大复兴的形势所需、当务之急。

### （二）全面认识"统筹发展和安全"的丰富内涵

中国共产党历来重视国家的安全与发展。毛泽东反复强调："我国人民不需要也不应当侵占外国任何领土主权，但是我国人民必须保卫自己的领土主权不受侵犯。"邓小平强调："国家的主权、国家的安全要始终放在第一位。"江泽民提出："维护本国的主权和安全，是每个国家政府和人民的神圣权利。"胡锦涛提出："必须站在国家安全和发展战略全局的高度，统筹经济建设和国防建设。"党的十八大以来，以习近平同志为核心的党中央，根据新的时代特征和实际要求，高度重视统筹发展和安全两件大事，提出了一系列重要论述和指示批示，不断推进国家安全与发展事业。

### 1. 加强国家安全体系和能力建设

2014年4月15日，习近平总书记在主持召开中央国家安全委员会第一次会议时提出，坚持总体国家安全观，走出一条中国特色国家安全道路。这次会议首次提出总体国家安全观，系统提出政治安全、国土安全、军事安全、经济安全、文化安全、社会安全、科技安全、网络安全、生态安全、资源安全、核安全等于一体的国家安全体系。2016年4月，习近平总书记在首个全民国家安全教育日之际作出重要指示，强调：实现中华民族伟大复兴的中国梦，保证人民安居乐业，国家安全是头等大事。2017年10月18日，在党的十九大报告中，习近平总书记强调："国家安全是安邦定国的重要基石，维护国家安全是全国各族人民根本利益所在。要完善国家安全战略和国家安全政策，坚决维护国家政治安全，统筹推进各项安全工作。健全国家安全体系，加强国家安全法治保障，提高防范和抵御安全风险能力。严密防范和坚决打击各种渗透颠覆破坏活动、暴力恐怖活动、民族分裂活动、宗教极端活动。加强国家安全教育，增强全党全国人民国家安全意识，推动全社会形成维护国家安全的强大合力。"[①] 这一重要论述，既表征了维护国家安全的重要意义，又指出了落实国家安全的工作重点和实施途径。党的二十大报告再次强调，推进国家安全体系和能力现代化，坚决维护国家安全和社会稳定。这也充分说明了国家安全具有重大的意义。

### 2. 确保国家经济安全

2017年4月25日，习近平总书记在中共中央政治局第四十次

---

① 《习近平谈治国理政》第三卷，外文出版社2020年版，第39页。

集体学习时强调："维护金融安全，要坚持底线思维，坚持问题导向，在全面做好金融工作基础上，着力深化金融改革，加强金融监管，科学防范风险，强化安全能力建设，不断提高金融业竞争能力、抗风险能力、可持续发展能力，坚决守住不发生系统性金融风险底线。"① 2019 年 1 月 21 日，习近平总书记在省部级主要领导干部坚持底线思维、着力防范化解重大风险专题研讨班开班式上强调：科技领域安全是国家安全的重要组成部分。2020 年 5 月 23 日，习近平总书记在看望参加全国政协十三届三次会议的经济界委员时强调：对我们这样一个有着 14 亿人口的大国来说，农业基础地位任何时候都不能忽视和削弱，手中有粮、心中不慌在任何时候都是真理。这次新冠疫情如此严重，但我国社会始终保持稳定，粮食和重要农副产品稳定供给功不可没。党的二十大提出要强化经济、重大基础设施、金融、网络、数据、生物、资源、核、太空、海洋等安全保障体系建设。加强重点领域安全能力建设，确保粮食、能源资源、重要产业链供应链安全。这些论述和部署表明了金融安全、科技安全、粮食安全等是经济安全的重要组成，是党和国家发展应当高度重视的事业。

3. 保障人民生命安全

2017 年 1 月，习近平总书记对食品安全工作作出的重要指示强调：民以食为天，加强食品安全工作，关系我国 14 亿多人的身体健康和生命安全，必须抓得紧而又紧。这些年，党和政府下了很大气力抓好食品安全，食品安全形势不断好转，但存在的问题仍然不少，老百姓仍然有很多期待，必须再接再厉，把工作做细做实，确保人民群众"舌尖上的安全"。2020 年 5 月 22 日，习近平总书

---

① 《习近平关于总体国家安全观论述摘编》，中央文献出版社 2018 年版，第 96—97 页。

记在参加十三届全国人大三次会议内蒙古代表团时强调：在重大疫情面前，我们一开始就鲜明提出把人民生命安全和身体健康放在第一位。在全国范围调集最优秀的医生、最先进的设备、最急需的资源，全力以赴投入疫病救治，救治费用全部由国家承担。人民至上、生命至上，保护人民生命安全和身体健康可以不惜一切代价。2020 年 6 月，习近平总书记对防汛救灾工作作出的重要指示强调：各地区和有关部门要坚持人民至上、生命至上，统筹做好疫情防控和防汛救灾工作，坚决落实责任制，坚持预防预备和应急处突相结合，加强汛情监测，及时排查风险隐患，有力组织抢险救灾，妥善安置受灾群众，维护好生产生活秩序，切实把确保人民生命安全放在第一位落到实处。坚守人民立场、坚持以人民为中心的理念，贯穿中国共产党人所有事业的始终。2023 年 2 月，习近平总书记对内蒙古发生一起矿难作出重要指示，内蒙古阿拉善左旗新井煤业有限公司露天煤矿坍塌事故造成多人失联和人员伤亡，要千方百计搜救失联人员，全力救治受伤人员，妥善做好安抚善后等工作。要科学组织施救，加强监测预警，防止发生次生灾害。要尽快查明事故原因，严肃追究责任，并举一反三，杜绝管理漏洞。各地区和有关部门要以时时放心不下的责任感，全面排查各类安全隐患，强化防范措施，狠抓工作落实，更好统筹发展和安全，切实维护人民群众生命财产安全和社会大局稳定。

4. 维护社会稳定和安全

党的二十大指出，我们要坚持以人民安全为宗旨、以政治安全为根本、以经济安全为基础、以军事科技文化社会安全为保障、以促进国际安全为依托，统筹外部安全和内部安全、国土安全和国民安全、传统安全和非传统安全、自身安全和共同安全，统筹维护和塑造国家安全，夯实国家安全和社会稳定基层基础，完善参与全球安全治理机制，建设更高水平的平安中国，以新安全格局保障新发展格局。从上述论述可以看出，党中央对包括国家安全体系与能力建设、国家经济安全、人民生命安全、社会稳定和安全在内的国家发展与安全高度重视。我们必须深入学习领悟习近平总书记关于国家安全工作的重要论述精神，全面贯彻落实党的二十大关于增强维护国家安全能力的决策部署，坚定不移贯彻总体国家安全观，加强重点领域安全能力建设，提高防范化解重大风险能力，为高质量发展保驾护航。

### （三）正确把握"统筹发展和安全"的基本要求

总的来看，统筹发展和安全两件大事要坚持理论与实际相结合、坚持历史与现实相统一、坚持一般和特殊相衔接，坚持习近平新时代中国特色社会主义思想的理论指导，深入学习贯彻习近平总书记关于统筹发展和安全的重要论述与指示批示，领会其中的精神要旨，深刻把握其中的思想方法和工作方法。以党史学习教育为契机，学习与领会我们党的历史上形成的关于国家安全和发展的系列理论成果，明晰我们党为维护国家安全和发展社会经济作出的伟大贡献、形成的历史经验。坚持以理论指导实践，以实践检验和发展理论，总结典型做法和好的经验加以推广，不断推动我国发展与安全的事业向前发展，不断增强人民群众获得感、幸福感、安全感。除此以外，以下三个方面要格外注意。

#### 1. 用系统观念统筹发展和安全

党的十八大以来，党中央系统谋划、一体推进，以系统观念、系统思维推进党和国家的各项事业，取得了令世人瞩目的历史性成就。安全和发展，这两者本身就包含相当丰富的内容，拓展开来又涉及经济社会生活的方方面面，统筹安全和发展必须坚持系统观念。既要重视传统安全，加强军队建设，保持战略威慑，又要紧盯各类非传统安全。既要抓当下，又要谋长远。把安全发展贯穿国家的政治、经济、社会、文化、生态文明等社会各领域，把维护政治安全、国土安全、军事安全、经济安全、文化安全、社会安全、科技安全、网络安全、生态安全、资源安全、核安全等贯穿到事业发展的全过程，做好前瞻性预判，做好应对各种可能的思想与物质准备，加强基础设施建设，宁可备而不用，不可用而没有，牢牢堵住发展中的安全薄弱点，防范和化解影响我国现代化进程的各种风险。

## 2. 贯彻落实总体国家安全观

维护国家安全和社会稳定是中国人民根本利益之所在。党的十八大以来，以习近平同志为核心的党中央，汲取老一辈中国共产党人的政治智慧，从治国理政的新的实践出发，根据新的时代发展需求，逐步总结与提出"总体国家安全观"这一重大时代命题。越是前景光明，就越要增强忧患意识。面对建设社会主义现代化的艰巨任务，要坚决贯彻与落实国家安全观。一是要保持态度端正、头脑清醒，增强忧患意识，切不可麻痹大意，做好应对各种突发情况的思想和心理准备；二是要尊重科学，尊重知识，依靠专业人才，科学规划各项事业的发展进程，正确评估发展中可能遇到的困难点、薄弱点和存在的风险挑战等，将事业的复杂性、艰巨性认识得更加充分一些，这样就能为抢占先机、补齐短板打下一定基础；三是要坚持以人民为中心，要坚持人民安全、政治安全、国家利益至上的有机统一，既要坚持维护国家安全一切为了人民，又要做到维护国家安全和发展依靠人民，还要努力维护好最广大人民群众的根本利益，不断夯实国家安全的群众基础，保障人民群众共享国家安全发展成果，不断增强人民群众的幸福感、获得感。

### 3. 勇担大国使命，增进世界整体发展与安全

作为世界的其中一员、世界上最大的发展中国家，中国的安全和发展离不开世界的稳定与发展。改革开放以来，中国逐步打开国门，与世界的联系日益密切。2001年底，中国加入世界贸易组织，使得中国与世界相互依存的程度更为加深。2020年突然爆发的新冠疫情，更加表征了世界各国利益密切相关、命运休戚与共，人类社会已然迈入人类命运共同体阶段。实现中华民族伟大复兴、实现第二个百年奋斗目标，中国的发展与安全问题，已经同世界的整体发展与安全息息相关。作为负责任的大国，中国应该为世界的和平与发展贡献中国智慧、中国方案。随着我国经济快速发展和综合国力提升，面临着"百年未有之大变局"，有效维护我国的发展与安全，还需要世界眼光和战略，构建新型国际关系和秩序。当今世界，面对局部地区冲突增多、贸易保护主义抬头、资源能源短缺、气候变化与环境污染、重大疾病流行等全球问题和挑战，我国要处理好发展与安全的关系，既要以国内为基础，统筹好国内经济建设发展与安全稳定，又必须秉持人类命运共同体理念，站在人类命运的道义高度，统筹好国内与国际两大格局，以中国智慧、中国方案、中国担当推进世界发展与维护安全，以中国创造的两大奇迹来持续增进世界整体和平与安全。既为世界的和平与稳定贡献中国力量，又依托世界的安定繁荣反哺中国的安全发展。

# 第七章　贯彻新发展理念既是工作要求，更是政治要求

习近平总书记强调："经济工作从来都不是抽象的、孤立的，而是具体的、联系的。各级领导干部特别是高级干部必须立足中华民族伟大复兴战略全局和世界百年未有之大变局，不断提高政治判断力、政治领悟力、政治执行力，心怀'国之大者'，不断提高把握新发展阶段、贯彻新发展理念、构建新发展格局的政治能力、战略眼光、专业水平，敢于担当、善于作为，把党中央决策部署贯彻落实好。"①

党的十八大以来，以习近平同志为核心的党中央对国内外形势进行科学判断，针对国家社会、经济发展提出新发展理念，引导

---

① 习近平:《把握新发展阶段，贯彻新发展理念，构建新发展格局》,《求是》2021 年第 9 期。

我国取得了历史性成就、发生了历史性变革，特别是生态文明建设取得显著成效，生态环境质量明显改善，美丽中国建设迈出坚实步伐。深入学习、全面领会、坚决贯彻新发展理念，对于推进中国特色社会主义伟大事业，实现中华民族伟大复兴具有重大而深远的意义。全体党员干部必须按照习近平总书记的指示要求，不断提高政治判断力、政治领悟力、政治执行力，完整、准确、全面贯彻新发展理念，为建设美丽中国、实现中华民族伟大复兴的中国梦贡献力量。

## 一、提高政治判断力，深刻认识贯彻
## 新发展理念的深远意义

广大党员干部贯彻新发展理念，必须提高政治判断力，深刻认识贯彻新发展理念的深远意义。习近平总书记明确指出：讲政治必须提高政治判断力。我们党领导人民进行革命、建设、改革的历史进程反复证明了一个道理，政治上的主动是最有利的主动，政治上的被动是最危险的被动。增强政治判断力，就要以国家政治安全为大、以人民为重、以坚持和发展中国特色社会主义为本，增强科学把握形势变化、精准识别现象本质、清醒明辨行为是非、有效抵御风险挑战的能力。中央政治局的同志要善于思考涉及党和国家工作大局的根本性、全局性、长远性问题，加强战略性、系统性、前瞻性研究谋划，做到在重大问题和关键环节上头脑特别清醒、眼睛特别明亮，善于从一般事务中发现政治问题，善于从倾向性、苗头性问题中发现政治端倪，善于从错综复杂的矛盾关系中把握政治逻辑，坚持政治立场不移、政治方向不偏。[①] 全党能否完整、准确、全面贯

---

① 参见《中共中央政治局召开民主生活会强调：加强政治建设提高政治能力坚守人民情怀，不断提高政治判断力政治领悟力政治执行力》，人民网，2020 年 12 月 26 日。

彻新发展理念，事关国家的长治久安、广大人民群众的长远利益、中国特色社会主义的坚持和发展，既是工作要求，更是政治要求。

## （一）贯彻新发展理念事关国家的长治久安

国家安全是指国家政权、主权、统一和领土完整、人民福祉、经济社会可持续发展和国家其他重大利益相对处于没有危险和不受内外威胁的状态，以及保障持续安全状态的能力。[①] 国家安全的根本是政治安全，政治安全的基本标志是国家主权不受侵犯，国家政权保持稳固，国家基本政治制度与体制得到有效保障。习近平总书记强调指出："如果安全这个基础不牢，发展的大厦就会地动山摇。要坚持政治安全、人民安全、国家利益至上有机统一，既要敢于斗争，也要善于斗争，全面做强自己，特别是要增强威慑的实力。宏观经济方面要防止大起大落，资本市场上要防止外资大进大出，粮食、能源、重要资源上要确保供给安全，要确保产业链供应链稳定安全，要防止资本无序扩张、野蛮生长，还要确保生态环境安全，坚决抓好安全生产。在社会领域，要防止大规模失业风险，加强公共卫生安全，有效化解各类群体性事件。要加强保障国家安全的制度性建设，借鉴其他国家经验，研究如何设置必要的'玻璃门'，在不同阶段加不同的锁，有效处理各类涉及国家安全的问题。"[②] 习近平总书记的重要讲话语重心长，对于事关国家长治久安的各类关键、核心、重要问题一一点出，警示全党。由此可见，贯彻新发展理念绝不仅仅是经济问题，关系到整个国家战略发展、中华民族伟大复兴前景和全党的领导核心地位。

---

① 参见《中华人民共和国国家安全法》，人民出版社 2015 年版。

② 习近平：《把握新发展阶段，贯彻新发展理念，构建新发展格局》，《求是》2021 年第 9 期。

新发展理念，是在对世界现代化发展经验的总结，世界现代化未来发展趋势的科学洞察和研判的基础上提出的，是中国特色社会主义现代化建设把握发展大势、厚植发展优势的需要，目的是使我国现代化建设立足时代前沿、占据时代高点，在日趋失序而又激烈的国际竞争中赢得更大的发展优势。

发展是人类亘古不变的主题，理念是国家现代化发展转型的牵引。从人类进入现代化以来。传统的现代化发展理念和发展模式偏重于把经济增长作为首要和根本目标，把物质的积累作为重中之重，而忽视了社会公平、生态环境、人的发展等，造成了社会不公、两极分化、资源枯竭、环境恶化，生态失衡、社会动荡的沉痛代价。近年来，经济全球化遭遇逆流，国际经济循环格局发生深度调整。新冠疫情也加剧了逆全球化趋势，各国内顾倾向上升，国际社会面临的不稳定性不确定性突出，世界经济增长动力不足，贫富分化日益严重，地区热点问题此起彼伏，恐怖主义、网络安全、重大传染性疾病、气候变化等非传统安全威胁持续蔓延，人类面临许多共同挑战。尤其是全世界还没有走出新冠疫情的阴霾，如何克服各种不确定性风险、提高发展质量和效益，是许多国家都急于解决的问题。许多国家特别是发达国家都在积极创新发展理念、提出发展战略，完善发展计划，力争以新的理念和战略赢得发展主动。纵观世界近现代国家发展转型的历史，我们可以明显发现，是否能有效调整发展理念、应对风险挑战，关系到国家的长治久安和根本利益。这一方面既有成功的案例，也有惨痛的教训，阿根廷就是一个值得警醒的反面案例。

在第二次世界大战以前，阿根廷就已经是世界上最富裕的国家之一，按照联合国的统计数字，20 世纪 70 年代初，阿根廷是拉美国家中社会公平方面最好和贫富差距最小的国家，1974 年的基尼系数为 0.345。贫困人口只占总人口的 8%。20% 高收入的富人与 20% 低收入的穷人相比，两者在社会总收入中占的比重之差约为 6 倍。这两个数字与发达国家的水平都相差无几。那时的阿根廷人常常自夸阿根廷是"一个没有穷人的国家"。直到 20 世纪 90 年代初，阿根廷曾被视为新兴工业国家的代表，被美国和国际货币基金组织（IMF）树立为"现代化样板"。

然而，阿根廷在国家发展转型的关键时期，却没有及时调整发展理念，国家经济发展始终严重依赖外部资金，借了大量外债来发展进口替代产业。20 世纪末 21 世纪初，阿根廷为了偿还外债不得不放弃几十年苦心孤诣扶持的高新技术领域，又回到其拥有要素禀赋的农业、畜牧业等初级农业领域。同时汇率等多项关键领域改革闯关失败，政府开支庞大、财政赤字激增以及大幅对外举债，多种因素叠加导致阿根廷近年来屡次爆发债务危机，在国际经济动荡中损失惨重，从发达国家沦为"普通国家"。相反，同时代的日韩开始转向出口导向政策，在经历前期的阵痛后逐渐走向新的发展轨道。显然，阿根廷错过了机会，并且反而进一步加固进口替代政策，由此落后于潮流。2019 年底暴发的新冠疫情则成为压倒阿根廷的"最后一根稻草"，在全球经济衰退的背景下，国际资本大幅流出，阿根廷金融市场及比索汇率雪上加霜，外汇储备持续缩水，多种风险相互叠加将阿根廷再次推向破产边缘。

反观中国，改革开放 40 多年来，在中国共产党的领导下，解放思想、实事求是、与时俱进，坚持立足国内市场，牢牢把握经济发展的主动权，对内改革、对外开放，经济发展始终屹立而不倒。自新冠疫情暴发以来，面对世纪疫情和百年变局交织，面对国内外发展环境发生的深刻复杂变化，以习近平同志为核心的党中央高瞻远瞩、审时度势，作出加快构建以国内大循环为主体、国内国际双循环相互促进的新发展格局的重大战略决策。目前,我们统筹新冠疫情防控和经济社会发展,统筹发展和安全,积极推动经济持续复苏,有序推进党和国家机构改革,有效应对局部地区洪涝灾害,积极推进对外开放、科技创新、绿色发展,坚定维护国家主权、安全、发展利益,经济总体回升向好,高质量发展扎实推进,粮食生产有望丰收,人民生活继续改善,社会大局保持稳定。"中国之治"与"西方之乱"形成鲜明对比,充分展现了我们的制度优越性、新发展理念的优越性。

但是,我们必须清醒看到,当前和今后一个时期,虽然我国发展仍然处于重要战略机遇期,但机遇和挑战都有新的发展变化,机遇和挑战之大都前所未有,总体上机遇大于挑战。面对波谲云诡的国际形势、复杂敏感的周边环境、艰巨繁重的改革发展稳定任务,广大党员干部必须进一步提高政治判断力,必须始终保持高度警惕,继续谦虚谨慎、艰苦奋斗,调动一切可以调动的积极因素,团结一切可以团结的力量,贯彻新发展理念,锲而不舍地实现我们的既定目标。

## (二)贯彻新发展理念事关广大人民群众的长远利益

党的十八大以来,以习近平同志为核心的党中央始终坚持以人民为中心的新发展理念。2012年11月15日,在十八届中央政治局常委同中外记者见面时,习近平总书记就强调人民对美好生活的向往就是我们的奋斗目标,强调要坚定不移走共同富裕的道路。2015年10月29日,在党的十八届五中全会上,习近平总书记明确提出了坚持以人民为中心的发展思想。2020年10月29日,在党的十九届五中全会上,习近平总书记进一步强调要努力促进全体人民共同富裕取得更为明显的实质性进展。党的二十大报告深刻阐述了中国式现代化的中国特色，指出实现全体人民共同富裕是中国式现代化的本质要求之一。这一个又一个重要讲话，是以习近平同志为核心的党中央贯彻新发展理念的宣言书、军令状。在习近平总书记的领导下，全党贯彻新发展理念，将生态文明建设推向新高度，推进生态文明建设决心之大、力度之大、成效之大前所未有。生态领域发展不平衡不充分问题不断解决，人民日益增长的美好生活需要不断满足，人与自然和谐共生的现代化建设不断发展，生态文明体制改革逐步完善，绿色发展理念进一步融入生产生活，美丽中国成为社会主义现代化强国的宏伟目标之一。

进入新时代以来，以习近平同志为核心的党中央为了广大人民群众的长远利益，通过贯彻新发展理念实现共同富裕，实施了人类历史上规模最大、力度最强的脱贫攻坚战，取得了令世界刮目相看的重大胜利。脱贫攻坚战的伟大胜利和小康社会的全面建成，推动了社会全面进步和人的全面发展，促进了社会公平正义，让发展成果更多更公平惠及全体人民，增强人民群众获得感、幸福感、安全感，让人民群众真真切切感受到共同富裕不仅仅是一个口号，而是看得见、摸得着、真实可感的事实。在一代又一代共产党人的接力奋斗中，一个又一个贫困地区旧貌换新颜。

河南兰考，一度是穷困苦瘠的代名词。"冬春风沙狂，夏秋水汪汪，一年劳动半年糠，扶老携幼去逃荒。"这是 20 世纪 60 年代初，兰考"三害"——内涝、盐碱、风沙肆虐的悲惨景象。1962年，在风沙等影响下，兰考粮食产量下降到历史最低水平，县城火车站挤满外出逃荒的灾民。最苦最难之时、纷飞大雪之中，一个身影出现了，他就是焦裕禄书记。在兰考工作的短短 475 天里，焦裕禄同全县干部群众一起，摸清了"三害"的脾气，找到了治理的路子，改变了兰考的面貌。靠着一辆自行车，一双铁脚板，他对兰考所有的风口、沙丘和河渠逐个丈量、编号、绘图，吃准了"三害"演变的特点和趋势。焦裕禄带领全县人民，开始了史无前例、规模浩大的治沙种树行动。这些树中，泡桐最多。自此，在平原沙区，"农桐间作"治理模式，横空出世，造福至今。风沙小了，生态好了，庄稼丰收。① 然而，"三害"的遏制和逐步解决只是人民群众对幸福美好生活向往的第一步。2014 年 3 月，习近平总书记视察兰考时，兰考干部群众提出了著名的"兰考之问"：守着焦裕禄精神 50 年了，为什么兰考的贫穷落后仍没有根本改观？为了回答"兰考之问"，兰考县广大党员干部为此付出了艰辛的努力。

兰考县按照"留住天上水，拦蓄地表水，保护地下水，用足黄河水，用好再生水"的水资源开发利用战略，通过建设二坝寨引黄调蓄工程及相关引黄输水工程、雨水和再生水等非常规水资源利用工程，坚守"保供给、显清澈、活生态、弘文化、促经济"的原则，以"节约用水、循环水系、河湖连通、多源共济"为重点，本地水、外调水、再生水联合调度，初步实现了"三水联调保供给，河湖相连润红城"的总体目标；结合水源联调、水系治理，基本形成了布局合理、多源互济、蓄泄兼筹、防洪安全的水系连通格局，真正实现了水"活起来、清起来、靓起来"。

通过贯彻新发展理念，兰考不仅沙患已除、人水和谐，脱贫攻坚也成效显著。一代又一代防风固沙种下的行行泡桐，给兰考人直接带来财富。在"民族乐器村"堌阳镇徐场村，当地干部介绍，泡桐刨成板，过去做风箱，现在制乐器。"一块泡桐板卖十几块钱，可做出来的乐器，竟能卖到三四千块甚至上万块。"河南中州民族乐器有限公司总经理代胜民感慨道。目前，兰考年产民族乐器

---

① 参见《兰考，站起了一个个"焦裕禄"》，人民网，2020 年 7 月 4 日。

70 万把（台），产值近 20 亿元，解决上万人就业。"绿水青山就是金山银山"，这句至理要言，因为泡桐树的故事，在兰考县有了真切直观的表达。①

从焦裕禄时期治理"三害"，到改革开放后摆脱贫困，再到如今奋力迈步小康，如今的兰考，在继承和发扬焦裕禄精神指引下，把绿色作为城市发展的底色，将生态建设列为"十三五"规划的重点工作之一。从"兰考之问""兰考之思""兰考之干"到"兰考之变"，"河湖畅通、生态健康、宜居宜游、人水和谐"的美丽新兰考再现豫东大地，更好地解答"兰考之问"。

新时代，中国的贫困地区在党的领导下，广大党员干部通过贯彻新发展理念，带领人民正逐步实现共同富裕。河南兰考，只是这一个又一个了不起的人间奇迹的代表。改革开放 40 多年来，中国 7 亿多人摆脱贫困，对世界减贫贡献率超过 70%。行百里者半九十，各级党组织和全体党员要继续认真贯彻创新、协调、绿色、开放、共享的新发展理念，以时不我待的紧迫感、攻坚克难的决心和勇气推进改革和发展，着力解决发展中所凸显的各种问题，促使人民群众在共享改革发展成果的同时不断增强对党的支持和拥护，提升党的政治感召力。要大力推进改革发展，进一步提升发展的质量和效益，从而更好地满足人民群众日益增长的美好生活需要，让人民群众有更舒适的生活环境、更充分的就业、更高的收入水平，切实让人民群众共享改革发展的成果。要全面保障和改善民生，全面聚焦人民群众的切身利益，千方百计改善民生，实现公平正义，实现高水平、均衡化的发展，真正实现从先富起来到共同富裕的历史跨越，提升人民的幸福感、安全感、获得感。要在重大和危难关头

---

① 参见刘洋：《河南兰考：开创水生态文明建设新格局　河湖相连润"红城"》，中国网，2021 年 1 月 14 日。

挺身而出维护人民利益，全面打好脱贫攻坚战，体现党执政为民的初心和使命；要下好先手棋、打好攻坚战，在重大、突发灾害灾难面前，把人民利益和安危放在第一位，科学应对、精准施策，努力发挥制度优势，展现党的全面领导、攻坚克难的能力和定力，以实实在在的工作业绩赢得人民群众对党的信任、信赖和信心，提升党的政治感召力。

## （三）贯彻新发展理念事关中国特色社会主义的坚持和发展

生态文明建设是新时代中国特色社会主义的一个重要特征。加强生态文明建设，是贯彻新发展理念、推动经济社会高质量发展的必然要求，也是人民群众追求高品质生活的共识和呼声。中华民族历来讲求人与自然和谐发展，中华文明积累了丰富的生态文明思想。新发展阶段对生态文明建设提出了更高要求，必须下大气力推动绿色发展，努力引领世界发展潮流。我们要牢固树立绿水青山就是金山银山理念，坚定不移走生态优先、绿色发展之路，增加森林面积、提高森林质量，提升生态系统碳汇增量，为实现我国碳达峰碳中和目标、维护全球生态安全作出更大贡献。①

新发展理念是习近平总书记根据我国现代化所处阶段、时代特征、主要任务等提出和确立的，是对我国现代化建设规律的深化、内涵的丰富。我们党成立后，团结带领人民经过 28 年浴血奋战和顽强奋斗，建立了中华人民共和国，实现了从新民主主义革命到社会主义革命的历史性跨越。新中国成立后，我们党团结带领人民创造性完成社会主义改造，确立社会主义基本制度，大规模开展社会主义经济文化建设，中国人民不仅站起来了，而且站住了、站稳

---

① 参见《习近平在参加首都义务植树活动时强调：倡导人人爱绿植绿护绿的文明风尚，共同建设人与自然和谐共生的美丽家园》，人民网，2021 年 4 月 3 日。

了，实现了从社会主义革命到社会主义建设的历史性跨越。进入历史新时期，我们党带领人民进行改革开放新的伟大革命，极大激发广大人民群众的积极性、主动性、创造性，成功开辟了中国特色社会主义道路，使中国大踏步赶上时代，实现了社会主义现代化进程中新的历史性跨越，迎来了中华民族伟大复兴的光明前景。今天，我们正在此前发展的基础上续写全面建设社会主义现代化国家新的历史。经过新中国成立以来特别是改革开放 40 多年的不懈奋斗，我国经济实力、科技实力、综合国力和人民生活水平跃上了新的大台阶，成为世界第二大经济体、第一大工业国、第一大货物贸易国、第一大外汇储备国，中等收入群体超过 4 亿人。特别是全面建成小康社会取得伟大历史成果，解决困扰中华民族几千年的绝对贫困问题取得历史性成就。这在我国社会主义现代化建设进程中具有里程碑意义，为我们实现中华民族的伟大复兴奠定了坚实基础。[①]

习近平总书记提出的新发展理念丰富了中国特色社会主义现代化建设内容的新内涵。在我国社会主义现代化建设的过程中，我们的发展理念从秉承以经济建设为中心、发展是硬道理的物质发展为中心，到发展是党执政兴国的第一要务的可持续发展，到坚持以人为本、全面协调可持续发展的科学发展观，再到新发展理念。每一次现代化发展理念的创新和完善，都是对中国特色社会主义现代化建设内容的新丰富和理论的新跨越。新发展理念在现代化发展的动力、发展方式、发展路径、发展举措、发展取向上都有新的开拓和深化，丰富了社会主义现代化建设内涵，为发展中国家走向现代化提供了中国智慧和方案。

当前，在贯彻新发展理念，坚持和发展中国特色社会主义这个

---

① 参见习近平：《把握新发展阶段，贯彻新发展理念，构建新发展格局》，《求是》2021 年第 9 期。

重大问题上，还存在这样那样的干扰。有人以"发展经济"为名变绿水青山为污水秃山，有人主张照搬西方所谓"先污染后治理"模式，等等。我们要廓清迷雾、明辨是非，坚持不懈地用习近平新时代中国特色社会主义思想武装头脑，以科学的态度对待、学习和领会，深刻理解和贯彻新发展理念，内化为世界观、人生观和价值观，变成观察和解决问题的立场、观点和方法，进一步增强对马克思主义的信仰、对中国特色社会主义的信念、对改革开放和社会主义现代化建设的信心、对以习近平同志为核心的党中央的拥护和信赖。在任何时候任何情况下，广大党员干部都要倍加珍惜、长期坚持中国特色社会主义道路和理论，始终不渝地坚定中国特色社会主义的新发展理念，"千磨万击还坚劲，任尔东西南北风"。

## 二、提高政治领悟力，深刻理解贯彻
## 新发展理念的精神实质

广大党员干部贯彻新发展理念，必须提高政治领悟力，深刻理解贯彻新发展理念的精神实质。习近平总书记明确指出：讲政治必须提高政治领悟力。领导干部特别是高级领导干部担的是政治责任，必须对党中央精神深入学习、融会贯通，坚持用党中央精神分析形势、推动工作，始终同党中央保持高度一致。中央政治局的同志是贯彻落实党中央精神的重要组织者和推动者，更应该不断提高政治领悟力，对"国之大者"了然于胸，明确自己的职责定位。①习近平总书记的重要讲话揭示了提高政治领悟力、深刻理解贯彻新发展理念的精神实质的三个核心要点，广大党员干部必须深入学

---

① 参见《中共中央政治局召开民主生活会强调：加强政治建设提高政治能力坚守人民情怀，不断提高政治判断力政治领悟力政治执行力》，人民网，2020 年 12 月 26 日。

习、领会党中央精神，坚持用新发展理念分析形势、推动工作，明确自己的职责定位。

### （一）贯彻新发展理念必须深入学习领会党中央精神

深入学习领会党中央精神，是广大党员干部贯彻新发展理念的先决条件。"各级领导干部特别是高级干部要原原本本学习、逐条逐段领悟，在整体把握的前提下，突出领会好重点和创新点，发扬理论联系实际的优良学风，立足当前、着眼长远，增强工作积极性、主动性、创造性。"[①] 习近平担任党和国家最高领导人以来，对发展问题尤其是发展理念问题始终高度关注，根据时代发展和实践探索不断进行理论创新。

新发展理念是一个整体，坚持创新发展、协调发展、绿色发展、开放发展、共享发展，全党全国要统一思想、协调行动、开拓前进。无论是中央层面还是部门层面，无论是省级层面还是省以下各级层面，在贯彻落实中都要完整把握、准确理解、全面落实，把新发展理念贯彻到经济社会发展全过程和各领域。习近平总书记强调指出：生态环境保护和经济发展是辩证统一、相辅相成的，建设生态文明、推动绿色低碳循环发展，不仅可以满足人民日益增长的优美生态环境需要，而且可以推动实现更高质量、更有效率、更加公平、更可持续、更为安全的发展，走出一条生产发展、生活富裕、生态良好的文明发展道路。[②]

新发展理念作为党中央精神体现在党的路线、方针、政策之

---

① 习近平：《把握新发展阶段，贯彻新发展理念，构建新发展格局》，《求是》2021 年第 9 期。

② 参见《保持生态文明建设战略定力　努力建设人与自然和谐共生的现代化》，人民网，2021 年 5 月 2 日。

中，体现在习近平总书记重要讲话和指示精神中。自担任党和国家的最高领导人以来，习近平总书记从中国特色社会主义事业发展全局出发，先后提出了新时代坚持和发展中国特色社会主义的总目标、总任务、总体布局、战略布局，明确了贯彻新发展理念的发展方向、发展方式、发展动力、战略步骤、外部条件和政治保证。新发展理念，是习近平总书记将辩证唯物主义和历史唯物主义的世界观、方法论运用于中国特色社会主义建设发展实践得出的科学指南，是指导党、国家各项事业开新图强、不断前进的新思想。深刻理解贯彻新发展理念的精神实质，就必须坚定对习近平新时代中国特色社会主义思想的信念，深入学习领会党中央精神，坚持读原著、学原文、悟原理。广大党员干部特别是领导干部要在全面学习的基础上，深刻领会新发展理念的丰富内涵和精神实质，着力掌握贯穿其中的科学的立场观点方法，力求学习理解得更全面、更准确、更深刻，真正学懂弄通、融会贯通，不断加深对党的创新理论最新成果科学真理性的认识，切实把思想统一、步调一致建立在清醒自觉的理论认知基础上，从而不断提高贯彻新发展理念广度和深度。

提高政治领悟力，深刻理解贯彻新发展理念的精神实质，就要在思想上与新理念对表、向新理念看齐。新发展理念，深刻回答了新形势下实现什么样的发展、如何实现发展的重大问题，既是我们党对经济社会发展规律的深刻总结，也是破解矛盾和问题的良方。"一了千明，一迷万惑"，树立和践行新发展理念，是关系发展全局的一场深刻变革，必然伴随着思想的解放、观念的更新。新常态下，那些片面追求 GDP、拼资源拼投入、重城市轻农村、先污染后治理、重效率轻公平等陈旧观念行不通了，于发展于人民有害无益。不破则不立，只有坚决清除不适应、不适合甚至违背新发展理念的认识，深刻把握新发展理念的核心要义、丰富内涵、现实意义，我们才能树立与时代和实践发展相适应的思维方式，在解放思想中跟上时代，在转变观念中赢得发展机遇。

"知之愈明，则行之愈笃。"新发展理念要落地生根、变成普遍实践，需要各级领导干部不断学、深入学、持久学，从灵魂深处确立对新发展理念的自觉和自信。切实把新发展理念落到实处，不断取得高质量发展新成就，不断增强经济社会发展创新力，更好满足人民日益增长的美好生活需要。

## （二）贯彻新发展理念必须坚持用党中央精神分析形势、推动工作

坚持用党中央精神分析形势、推动工作，是广大党员干部贯彻新发展理念的必然要求。正如习近平总书记所强调指出的，我国建设社会主义现代化具有许多重要特征，其中之一就是我国现代化是人与自然和谐共生的现代化，注重同步推进物质文明建设和生态文明建设。要坚持不懈推动绿色低碳发展，建立健全绿色低碳循环发展经济体系，促进经济社会发展全面绿色转型。要把实现减污降碳协同增效作为促进经济社会发展全面绿色转型的总抓手，加快推动产业结构、能源结构、交通运输结构、用地结构调整。要强化国土空间规划和用途管控，落实生态保护、基本农田、城镇开发等空间管控边界，实施主体功能区战略，划定并严守生态保护红线。要抓住资源利用这个源头，推进资源总量管理、科学配置、全面节约、循环利用，全面提高资源利用效率。要抓住产业结构调整这个关键，推动战略性新兴产业、高技术产业、现代服务业加快发展，推动能源清洁低碳安全高效利用，持续降低碳排放强度。要支持绿色低碳技术创新成果转化，支持绿色技术创新。实现碳达峰、碳中和

是我国向世界作出的庄严承诺，也是一场广泛而深刻的经济社会变革，绝不是轻轻松松就能实现的。①

学习的目的在于运用。全面落实新发展理念，就要在实践中按新理念办事、让新理念落地。理论的生命在于实践，新发展理念不能停留在口头上，而应成为发展的指挥棒、行动的度量衡。在新的坐标系下来审视，畸形发展、竭泽而渔、自我封闭、与民争利、忽视民生等做法和行为，与新发展理念背道而驰，必须坚决纠正、彻底摒弃。天下大事，必作于细，必成于实。只有遵循规律科学地干，开拓进取创造性地干，瞄准短板奋发地干，以人民为中心务实地干，才能让新理念转化为改革的新动力、发展的新路子。只有坚持从实际出发，因地制宜、因事制宜，把新发展理念切实体现到政策制定、工作安排、任务落实上，体现在经济社会发展的各领域各环节，才能做到崇尚创新、注重协调、倡导绿色、厚植开放、推进共享。

贯彻新发展理念，坚持用党中央精神分析形势、推动工作不是抽象空洞的，不能纸上谈兵、光喊口号，停留在各种务虚表态上，关键是要让新发展理念转化为言必信、行必果的工作准则和具体要求。然而，有的领导干部对党的路线方针政策在开会中学习，用文件执行文件，用形式主义对抗党中央、习近平总书记的重大部署和指示，拒不执行或者选择性地执行党的路线方针政策。

例如，引发全国强烈反响的陕西省秦岭北麓违建别墅案。秦岭违建历时多年，违建别墅达 1000 多栋，占地面积超百万平方米，对当地生态造成极大伤害。更为严重的是，自 2014 年违建现象被媒体曝光以来，习近平总书记先后六次作出重要指示批示，从

---

① 参见《保持生态文明建设战略定力　努力建设人与自然和谐共生的现代化》，人民网，2021 年 5 月 2 日。

"扭住不放、一抓到底"到"整而未治、禁而不绝"，要求不可谓不明确，措辞不可谓不严厉。然而，一些领导干部对中央工作部署敷衍了事，搞上有政策、下有对策，甚至顶风作案、阳奉阴违。即便漏报了上千栋别墅，即便大量违建仍在秦岭山脚下不断蔓延，仍敢上报中央"已经整治完成"。① 此后，中央专门派出中纪委领衔的专项整治工作组入驻陕西，展开针对秦岭违建别墅的整治行动，秦岭违建别墅问题才得到彻底解决。可以说，"秦岭拆违"中暴露的问题，再次证明领导干部无论平时讲政治的调门多高，如果在重大工作的实践中偏离和违背了党的政治方向，就只会在错误的道路上越走越远，最终走上死路绝路。

此后，陕西省认真吸取秦岭北麓违建别墅问题教训，用党中央精神分析形势、推动工作、贯彻新发展理念，不断狠抓生态保护。2019 年 12 月 1 日，新修订的《陕西省秦岭生态环境保护条例》正式实施。新条例坚持生态优先、绿色发展导向，淘汰高污染、高耗能、高排放落后产能，鼓励发展绿色循环经济，实现经济结构调整和产业优化升级，加快形成以生态产业化和产业生态化为主体的生态经济体系和绿色发展方式。针对秦岭乱采乱挖、乱搭乱建、乱砍滥伐、乱排乱放、乱捕乱猎的"五乱"问题，新条例坚持问题导向，作出严格管控的制度安排。对房地产开发作出禁止性、限制性规定；扩大了禁止开山采石和矿产资源开发的区域范围，对商品林采伐限制、水电站整治退出、河道湖泊管理、危化品运输、打击乱捕乱猎野生动物等方面作出明确制度规定，防止在自然资源开发利用上的"大开发"，真正实现在发展中保护、在保护中发展。条例还加大了违法行为处罚监督力度。条例依据水污染防治法、矿产资

---

① 参见胡宇齐：《秦岭拆违是堂严肃的政治规矩课》，《北京日报》2019 年 1 月 11 日。

源法及国务院实施条例等规定，对污染破坏秦岭生态环境、非法开采矿产资源及开山采石等行为，提高了罚款处罚幅度。

对于陕西贯彻新发展理念，加大秦岭保护，习近平总书记始终高度关注，2020 年 4 月在陕西考察时强调，秦岭和合南北、泽被天下，是我国的中央水塔，是中华民族的祖脉和中华文化的重要象征。保护好秦岭生态环境，对确保中华民族长盛不衰、实现"两个一百年"奋斗目标、实现可持续发展具有十分重大而深远的意义。陕西要深刻吸取秦岭违建别墅问题的教训，痛定思痛，警钟长鸣，以对党、对历史、对人民高度负责的精神，以功成不必在我的胸怀，把秦岭生态环境保护和修复工作摆上重要位置，履行好职责，当好秦岭生态卫士，决不能重蹈覆辙，决不能在历史上留下骂名。要自觉讲政治，对国之大者要心中有数，关注党中央在关心什么、强调什么，深刻领会什么是党和国家最重要的利益、什么是最需要坚定维护的立场，切实把增强"四个意识"、坚定"四个自信"、做到"两个维护"落到行动上，不能只停留在口号上。①

广大党员干部特别是领导干部，要以秦岭北麓违建别墅问题为警钟，坚持用党中央精神分析形势、推动工作，把学习成效落实到实际工作中，积极全面贯彻新发展理念，研究破解重大现实问题。对那些可能违背新发展理念、党中央精神的大是大非问题，要旗帜鲜明、敢于亮剑，对违背党的原则、损害党的形象的各种歪风邪气，要态度坚决、敢抓敢管。

### （三）贯彻新发展理念必须明确自己的职责定位

明确自己的职责定位，是广大党员干部贯彻新发展理念的使

---

① 参见《习近平在陕西考察时强调：扎实做好"六稳"工作落实"六保"任务，奋力谱写陕西新时代追赶超越新篇章》，新华网，2020 年 4 月 23 日。

命担当。习近平总书记指出：要提高生态环境治理体系和治理能力现代化水平，健全党委领导、政府主导、企业主体、社会组织和公众共同参与的环境治理体系，构建一体谋划、一体部署、一体推进、一体考核的制度机制。要深入推进生态文明体制改革，强化绿色发展法律和政策保障。要完善环境保护、节能减排约束性指标管理，建立健全稳定的财政资金投入机制。要全面实行排污许可制，推进排污权、用能权、用水权、碳排放权市场化交易，建立健全风险管控机制。要增强全民节约意识、环保意识、生态意识，倡导简约适度、绿色低碳的生活方式，把建设美丽中国转化为全体人民自觉行动。各级党委和政府要担负起生态文明建设的政治责任，坚决做到令行禁止，确保党中央关于生态文明建设各项决策部署落地见效。[①]

职责定位是指一个岗位所需要完成的工作内容以及应当承担的责任范围。绝大多数党员干部既有党内职务也有工作岗位。贯彻新发展理念，要求广大党员干部明确自己在各项工作中职责定位，主动发挥创造力，主动发挥自我判断、自我协调、独立解决问题的能力，去完成自己的岗位职责，以求工作成果的绩效实现贯彻新发展理念的最大化。每一位党员干部虽然岗位职责各有不同，但都要服从和服务于党和国家工作大局，既要围绕党和国家工作大局领会新发展理念的精神实质，又要聚焦自身岗位职责贯彻好新发展理念。在现实工作实践中，我们可以发现，少数地区和领导干部之所以没有很好地贯彻新发展理念，关键就在于忘记了自己的职责定位，未能正确履行职责，给本地区生态环境和社会经济协调发展造成了严重损失。

---

[①] 参见《保持生态文明建设战略定力　努力建设人与自然和谐共生的现代化》，人民网，2021 年 5 月 2 日。

例如，部分地区出现的毁林种茶的问题。因为普洱茶价格逐年升高，受到经济利益的诱惑和驱使，云南省西双版纳州少数茶农打起了非法侵占林地的主意，使得生态环境遭到严重破坏。不仅仅是在被称为"中国普洱茶第一县"的勐海县，毁林种茶乱象在其他一些茶叶产区也有所发生，而背后存在的是党员领导干部及公职人员失职失责、违纪违法行为。从各地纪委监委通报的典型案例看，一些党员干部和公职人员未正确履行职责，导致毁林种茶问题时有发生。如，福建省武夷山市原副市长伍某对其主抓的茶山整治工作部署推动不力，明知毁林种茶等问题的存在，却未及时采取有效措施予以解决，也未督促其分管负责的林业部门履行森林资源保护职责，造成生态环境被破坏等不良影响。武夷山市林业局党组书记、局长杨某某在茶山综合整治工作中不作为、慢作为，未严格落实监管责任，督促日常督查不力，组织实地走访不深入，导致辖区内出现违规开垦茶山、毁林种茶等问题。最终，伍某、杨某某两人均受到党内警告处分。

针对中央生态环境保护督察"回头看"及专项督察移交的问题，云南省纪委监委组成调查组，开展调查核实和责任追究。其间，西双版纳州纪委监委对直接参与毁林种植的 43 名党员干部给予党纪政务处分，对 4 名涉嫌违法犯罪人员采取留置措施。记者调查发现，从问题发生的原因看，有的是因为林草系统等职能部门失职失责、疏于监管，向林区群众宣传林业生态环境保护政策和毁林种茶等行为破坏生态环境的危害性不到位；有的是因为农村基层党员纪法意识淡薄，存在侥幸心理；有的则是发生在护林员身上，他们为了蝇头小利而监守自盗。

由此可见，落实新发展理念，广大党员干部特别是领导干部的职责定位是关键。让新发展理念变成普遍实践，关键在各级领导干部对自身职责定位的认识和行动。既通过深学让新理念扎根头脑、成为信念，又通过笃用不断深化认识、提升能力，在实践中锻炼干部、检验干部，就能让各级领导干部成为落实新发展理念的示范者、带头人，彰显新理念的真理力量和实践价值。发挥领导干部的关键作用，汇聚全党全社会的磅礴力量，我们就一定能在新发展理念指引下，实现"十四五"蓝图，赢得社会主义现代化建设的新胜利。

## 三、提高政治执行力，在工作中坚决<br>贯彻落实新发展理念

贯彻新发展理念，广大党员干部必须在工作中提高政治执行力。关于政治执行力的具体内涵和外延，习近平总书记明确指出：领导干部特别是高级干部要经常同党中央精神对表对标，切实做到党中央提倡的坚决响应，党中央决定的坚决执行，党中央禁止的坚决不做，坚决维护党中央权威和集中统一领导，做到不掉队、不走偏，不折不扣抓好党中央精神贯彻落实。要把坚持底线思维、坚持问题导向贯穿工作始终，做到见微知著、防患于未然。要强化责任意识，知责于心、担责于身、履责于行，敢于直面问题，不回避矛盾，不掩盖问题，出了问题要敢于承担责任。[①] 习近平总书记的重要讲话揭示了提高政治执行力，在工作中坚决贯彻落实新发展理念的三个核心要点，自觉同党中央精神对表对标，坚决维护党中央权威和集中统一领导，把坚持底线思维、坚持问题导向贯穿工作始终，强化责任意识，敢于直面问题、敢于承担责任。

---

① 参见《中共中央政治局召开民主生活会强调：加强政治建设提高政治能力坚守人民情怀，不断提高政治判断力政治领悟力政治执行力》，人民网，2020年12月26日。

## （一）自觉同党中央精神对表对标，坚决维护党中央权威和集中统一领导

提高政治执行力，在工作中坚决贯彻落实新发展理念，必须自觉同党中央精神对表对标，坚决维护党中央权威和集中统一领导。习近平总书记强调指出：各级党委和政府要拿出抓铁有痕、踏石留印的劲头，明确时间表、路线图、施工图，推动经济社会发展建立在资源高效利用和绿色低碳发展的基础之上。不符合要求的高耗能、高排放项目要坚决拿下来。[①] 习近平总书记的重要讲话和指示精神，明确提出了推进物质文明建设和生态文明建设和谐统一的具体要求和关键领域，这是广大党员干部特别是领导干部下一步在工作中贯彻新发展理念的重中之重，必须表里如一，抓铁有痕。

新发展理念的贯彻执行能力。理念是抽象的，但其贯彻执行要求是具体的，必须把精神实质领会到位、贯彻到位，不能搞"上有政策，下有对策"。一旦出现类似问题，必然危及经济社会发展的长远利益。例如前不久中央第五生态环境保护督察组在河南省督察发现，郑州、开封等地市借引黄灌溉之机，行人工造湖、旅游开发之实，3个亿的投资中，灌溉配套工程预算只有300多万元；地方政府斥巨资打造优美湖景，调蓄灌溉配套工程却多年搁置"只进水不出水"。对于郑州、开封两个引黄调蓄工程，督察组发现三个严重问题。一是借调蓄灌溉之机行人工造湖之实。中牟县三刘寨调蓄工程以引黄调蓄工程报批，但在建设过程中没有考虑调蓄灌溉功能，配套提灌工程至现场调查时仍未建成。此外，下游干渠被垃圾堆满，灌区农田多年来只能使用地下水进行灌溉，进一步加剧地

---

① 参见《保持生态文明建设战略定力　努力建设人与自然和谐共生的现代化》，人民网，2021年5月2日。

下水资源压力。二是黄河水资源浪费严重。督察发现，河南省水利厅批复同意三刘寨调蓄工程每年引黄河水量为305万立方米，但该工程在未发挥灌溉功能前提下，仅受自然蒸发和下渗影响，每年引黄河水量就远超许可水量。大量黄河干流水被白白浪费。三是未批先占、违规取水问题突出。

事实上，郑州、开封的问题只是黄河流域多地热衷人工造湖的缩影。近年来，针对一些北方城市热衷围水造景，占用耕地、破坏生态的乱象，中央和有关部门多次提出整改要求。黄河是我国大江大河中第一个进行流域初始水权分配的河流，其天然径流量居全国第五位，仅为长江的6%，却以占全国河川径流量2%的有限水资源，灌溉了全国13%的粮食产量。当前，黄河流域地表水开发利用率和消耗率已远超黄河水资源承载能力，水资源短缺已是黄河面临的最大挑战。引黄调蓄工程可以"一水多用"，改善城市局部小气候，惠及市民生活。但是，无论如何，黄河水不能"只进不出"，调蓄工程必须以农业灌溉功能为主。未来应进一步严格对引黄调蓄工程项目的审批，加强过程监管，杜绝类似现象再度发生。①

把问题整改到位，关键要看当地领导干部能否自觉同党中央精神对表对标，坚决维护党中央权威和集中统一领导，把贯彻新发展理念当作一项政治任务，用政治执行力来践行党的政治要求。广大党员干部特别是领导干部、一把手做各项工作时要自觉同党关于社会主义现代化的基本理论、基本路线、基本方略对表对标。同时要同党中央贯彻新发展理念的重大决策部署对表对标，提高政治站位，把准政治方向，坚定政治立场，明确政治态度，严守政治纪律，经常校正偏差，做到党中央提倡的坚决响应、党中央决定的坚

---

① 参见孙清清、杨金鑫：《网红景区背后的隐秘：引黄调蓄工程是如何变成人造景观的？》，新华网，2021年5月1日。

决照办、党中央禁止的坚决杜绝。党对发展的组织领导能力首要的就是各级党委和领导干部贯彻执行发展理念、战略和相应的政策措施的能力。地方党委和党的各类组织必须立足本地区、本部门、本单位的具体实际，制定有效的工作思路和具体措施，不折不扣地贯彻执行党中央和上级党委关于经济社会发展的方针政策和决策部署。

## （二）把坚持底线思维、坚持问题导向贯穿工作始终

提高政治执行力，在工作中坚决贯彻落实新发展理念，必须把坚持底线思维、坚持问题导向贯穿工作始终。坚持底线思维、坚持问题导向对于贯彻新发展理念的重要性，习近平总书记在多个重要场合反复强调。习近平总书记指出："随着我国社会主要矛盾变化和国际力量对比深刻调整，我国发展面临的内外部风险空前上升，必须增强忧患意识、坚持底线思维，随时准备应对更加复杂困难的局面。"①

坚持底线思维、坚持问题导向是习近平同志担任党和国家最高领导人以来始终强调并高度关注的关键问题。2015 年 5 月 29 日，在中央政治局集体学习时，习近平总书记强调要牢固树立安全发展理念。2016 年 1 月 18 日，在省部级主要领导干部专题研讨班上，习近平总书记从 4 个方面分析了我们搞开放发展所面临的风险挑战。2018 年 1 月 5 日，在新进中央委员会的委员、候补委员和省部级主要领导干部研讨班上，习近平总书记从 8 个方面列举了 16 个需要高度重视的风险。2019 年 1 月 21 日，党中央专门举办了省部级主要领导干部坚持底线思维着力防范化解重大风险专题研讨

---

① 习近平：《把握新发展阶段，贯彻新发展理念，构建新发展格局》，《求是》2021 年第 9 期。

班，习近平总书记在开班式上分析了要防范化解政治、意识形态、经济、对美经贸斗争、科技、社会、对外工作、党自身等 8 个领域的重大风险并提出了明确要求，强调必须始终保持高度警惕，既要高度警惕"黑天鹅"事件，也要防范"灰犀牛"事件。习近平总书记在党的二十大报告中指出："我国发展进入战略机遇和风险挑战并存、不确定难预料因素增多的时期，各种'黑天鹅'、'灰犀牛'事件随时可能发生。我们必须增强忧患意识，坚持底线思维，做到居安思危、未雨绸缪，准备经受风高浪急甚至惊涛骇浪的重大考验。"①

底线思维方法，是客观地设定最低目标、研判最低界限，立足最低可能值而争取最大期望值的一种积极的战略性思维方法。简而言之，就是凡事从坏处准备，努力争取最好的结果。它以马克思主义实践论为基础，是唯物辩证法的质量互变规律的具体应用。"守乎其低而得乎其高"。底线思维方法在习近平总书记治国理政实践中有着丰富的表现。在经济建设领域，习近平总书记提出，发展需要保持必要的增长速度，否则就没有扩大就业、改善民生的物质基础；在社会建设领域，提出在国力财力有限的条件下，社会政策要"托底"，政府保障和改善民生主要是发挥好"保基本、兜底线"的作用；在生态文明建设领域，提出要牢固树立"生态红线"的观念，"不能越雷池一步"；等等。

坚持问题导向，就是以解决问题为指引，集中力量、补齐短板，带动发展水平全面提升。习近平总书记在 2020 年秋季学期中央党校（国家行政学院）中青年干部培训班开班式上指出：党的十八大以来，党和国家事业取得历史性成就、发生历史性变革，其

---

① 《习近平著作选读》第一卷，人民出版社 2023 年版，第 22 页。

中一条很重要的经验就是坚持问题导向，把解决实际问题作为打开工作局面的突破口。① 党的二十大报告把"坚持问题导向"作为习近平新时代中国特色社会主义思想世界观和方法论的重要内容之一，并指出，问题是时代的声音，回答并指导解决问题是理论的根本任务。问题是时代的声音。在工作中坚决贯彻落实新发展理念，必须善于发现问题、分析问题、解决问题。一个地方的资源、财力是有限的，一个人的精力、能力也是有限的，凡事面面俱到、眉毛胡子一把抓，反而做不好工作。作为领导干部，要善于抓住问题的主要矛盾和矛盾的主要方面，发挥自身优势、努力补齐短板，思想上正视矛盾、行动上解决问题，推动问题逐个击破、工作逐项落实。

坚持底线思维、坚持问题导向，要求广大党员干部在工作中必须未雨绸缪，不能只看成绩不看问题，不能只顾眼前不顾长远，不能吃祖宗饭、断子孙路，用破坏性方式搞发展。广大党员干部必须秉承创新、协调、绿色、开放、共享的新发展理念，树立大局观、长远观、整体观，兼顾眼前和长远、局部和整体、国内和国际、经济腾飞和民族延续的关系。像保护眼睛、对待生命一样爱护自然，绿色发展，让中华大地天更蓝、山更绿、水更清、景更美。

以东北地区的黑土资源保护和利用为例，我国东北地区盛产优质的农产品，主要是因为东北有我们国家唯一一块黑土地。黑土地原来是丰美的草原，牧草类型多样，有深厚的黑土层。肥厚的黑土层的形成，至少需要一万年时间。肥沃的黑土是宝贵的自然资源，是肥力最高、最适宜农耕和最具生产潜力的土壤。所以在东北地区，任何一年一季的农作物，长势都很茂盛。经过 100 多年的历史，现在东北黑土地已经全部开垦完毕，包括我们国家最北边的三

---

① 参见《年轻干部要提高解决实际问题能力　想干事能干事干成事》，人民网，2020年 10 月 11 日。

江平原，在新中国成立以后 20 世纪 50、60 年代也已经开发完毕。现在的黑土地占全国耕地面积的 27%，虽然一年只能种一季，但是它的产量占到全国的 1/4，商品率占到 1/3。然而，由于常年的过度开发和保护不力，东北的黑土资源面临严重威胁。多年来，为了保障粮食供给，东北黑土区耕地资源长期透支，化肥农药投入过量，导致黑土变"瘦"。监测数据显示，近 60 年来黑土耕作层土壤有机质含量下降 1/3，部分地区下降 50%。另外，机械地、反复地耕作，使黑土地变得越来越硬，结构发生了退化。一旦黑土资源不保，我国农业发展乃至粮食安全都要遭遇严重威胁，引发严重问题。面对黑土地退化严峻形势，吉林省以及黑龙江、辽宁等地打响黑土地"保卫战"，推广农业科技、出台保护条例、建设高标准农田……通过一项项针对性措施，为黑土加"油"，夯实"大国粮仓"根基。在吉林全省，2009 年实施"耕地质量保护与提升项目"，覆盖面积 530 多万亩；2013 年以来剥离近 3000 万立方米黑土进行造地复垦，提升耕植能力；2015 年启动黑土地保护利用试点项目，探索适合不同区域的黑土地保护模式和运行机制。作为黑土地保护的先行地区，吉林省梨树县从 2007 年开展秸秆覆盖免耕播种技术试验，每年整合 2000 万元资金用于黑土地保护的研发、培训和推广，2015 年建立了全国首家黑土地保护与利用院士工作站。习近平总书记高度关注东北黑土资源的保护和利用。2020 年 7 月，他在吉林省考察时指出，东北是世界三大黑土区之一，是"黄金玉米带""大豆之乡"，黑土高产丰产，同时也面临着土地肥力透支的问题。一定要采取有效措施，保护好黑土地这一"耕地中的大熊猫"。……梨树模式值得总结和推广。①

---

① 参见《充满希望的田野　大有可为的热土——习近平总书记考察吉林纪实》，新华网，2020 年 7 月 26 日。

高度关注东北黑土资源保护和利用是党中央、习近平总书记坚持底线思维、坚持问题导向的一个生动事例。进入新时代，我们正在进行具有许多新的历史特点的伟大斗争，在新长征路上还有许多"雪山""草地"需要跨越，还有许多"娄山关""腊子口"需要征服。面对在工作中坚决贯彻落实新发展理念的繁重任务，是往前冲、往上顶，还是向后躲、向外推，是对领导干部政治执行力的直接考验。任务越繁重，风险考验越严峻，政治的弦越要绷得紧一些、再紧一些。广大党员干部要坚持底线思维、紧盯矛盾问题，宁可把形势想得更复杂一点，把挑战看得更严峻一些，做好应对最坏局面的思想准备。要见微知著、未雨绸缪，增强前瞻观念，把工作预案准备得更充分、更周详，做到处变不惊、应对从容。

## （三）强化责任意识，敢于直面问题、敢于承担责任

提高政治执行力，在工作中坚决贯彻落实新发展理念，必须强化忧患意识，敢于直面问题、敢于承担责任。习近平总书记强调指出：党的十八大以来，我们加强党对生态文明建设的全面领导，把生态文明建设摆在全局工作的突出位置，全面加强生态文明建设，一体治理山水林田湖草沙，开展了一系列根本性、开创性、长远性工作，决心之大、力度之大、成效之大前所未有，生态文明建设从认识到实践都发生了历史性、转折性、全局性的变化，同时我国生态文明建设仍然面临诸多矛盾和挑战。生态环境修复和改善，是一个需要付出长期艰苦努力的过程，不可能一蹴而就，必须坚持不懈、奋发有为。① 这深刻阐明了在贯彻新发展理念中强化忧患意识的重要性，广大党员干部特别是领导干部必须敢于直面工作中的问

---

① 参见《保持生态文明建设战略定力　努力建设人与自然和谐共生的现代化》，人民网，2021年5月2日。

题，敢于承担责任，加大监督检查力度，建立工作台账，健全办理机制，加强跟踪督办，切实提高办理质量和效率，确保习近平总书记重要指示批示精神在生态环境系统得到全面落实。

各级领导干部要集中攻克老百姓身边的突出生态环境问题，让老百姓实实在在感受到生态环境质量改善。要坚持精准治污、科学治污、依法治污，保持力度、延伸深度、拓宽广度，持续打好蓝天、碧水、净土保卫战。要充分发挥纪检监察机关专责监督作用，彰显"派"的权威和"驻"的优势，加强对一把手和领导班子的监督，推动一把手和领导班子加强对下级一把手和领导班子的监督，督促驻在部门党组切实履行全面从严治党的主体责任，健全全面从严治党责任体系，推动主体责任、监督责任、一把手第一责任、班子成员"一岗双责"四责协同，层层传导压力，促进忠实履职尽责。对贯彻党中央决策部署做选择、搞变通、打折扣，特别是搞"包装式"落实、"一刀切式"落实等形式主义、官僚主义突出问题精准施治，确保党中央政令畅通、令行禁止。

广大党员干部特别是领导干部，一定要牢记习近平总书记的殷切嘱托，一定要在工作中坚决贯彻落实新发展理念，勇挑重担、勇担重责，团结带领人民真抓实干、埋头苦干，努力作出无愧于党、无愧于人民、无愧于历史的成绩。

# 第八章　贯彻新发展理念必须改进推动高质量发展的政绩考核

习近平总书记强调，推动高质量发展是我们当前和今后一个时期确定发展思路、制定经济政策、实施宏观调控的根本要求。[①]必须加快形成推动高质量发展的指标体系、政策体系、标准体系、统计体系、绩效体系、政绩考核，创建和完善制度环境，推动我国经济在实现高质量发展上不断取得新进展。加快构建以国内大循环为主体、国内国际双循环相互促进的新发展格局，完整、准确、全面贯彻新发展理念，推进国家治理体

---

① 参见《中央经济工作会议：推动高质量发展是当前和今后一个时期发展的根本要求》，新华网，2017 年 12 月 20 日。

系和治理能力现代化，必须加快推动建立高质量发展的政绩考核体系，充分发挥政绩考核的风向标、指挥棒作用，推动形成能者上、优者奖、庸者下、劣者汰的正确导向，有效引导各级领导干部树牢正确的政绩观，不断提高贯彻新发展理念的能力水平。

## 一、树牢高质量发展的政绩观

为政之要，首在得人；知事识人，重在考核。2020 年 11 月，中央组织部印发《关于改进推动高质量发展的政绩考核的通知》，明确要求围绕贯彻新发展理念、推动高质量发展，落实《党政领导干部考核工作条例》，进一步改进地方党政领导班子和领导干部政绩考核工作。各级领导班子和领导干部要充分认识高质量发展的重要意义，自觉践行高质量发展理念，切实提高贯彻新发展理念的能力和水平，提高制度执行力和治理能力。高质量发展，即能够很好满足人民日益增长的美好生活需要的发展，能够充分体现新发展理念，使创新成为第一动力、协调成为内生特点、绿色成为普遍形态、开放成为必由之路、共享成为根本目的。政绩观是领导干部对如何履行职责、追求何种政绩的认识和态度，是权力观、地位观和利益观的具体体现。思想指导行动，观念决定作为。政绩观直接反映领导干部从政的价值取向，是创造政绩的思想基础，追求和树立什么样的政绩观对广大党员干部干事创业具有重要的导向作用。当今世界正经历百年未有之大变局，我国发展的内部条件、外部环境也在发生复杂而深刻的变化。当前，我国已转向高质量发展阶段，全面建设社会主义现代化国家新征程已经开启，领导干部应自觉坚持高质量发展的新理念新思想，树立高质量发展的政绩观，扬信心之帆，走实干之路。

## 1. 把人民群众的获得感、幸福感、安全感作为最高评价标准

习近平总书记强调，干事创业一定要树立正确政绩观，做到"民之所好好之，民之所恶恶之"。要求真务实、真抓实干，做工作自觉从人民利益出发，决不能为了树立个人形象，搞华而不实、劳民伤财的"形象工程""政绩工程"。① 牢固树立高质量发展的政绩观，是新时代领导干部的基本要求。

江山就是人民，人民就是江山。人民群众是物质财富和精神财富的创造者，是社会变革的决定力量，在历史过程中发挥着决定作用。赢得人民信任，得到人民支持，我们党就能够克服任何困难，战胜任何挑战，就能够勇往直前、无坚不可摧、无往而不胜。习近平总书记深刻指出，共产党就是为人民谋幸福的，人民群众什么方面感觉不幸福、不快乐、不满意，我们就在哪方面下工夫，千方百计为群众排忧解难。② 要把以人民为中心的发展思想贯穿到高质量发展政绩考核始终，把人民群众的获得感、幸福感、安全感作为评价领导干部推动高质量发展政绩的重要标准，推动领导干部用真心真情帮助人民群众解决烦心事、揪心事、闹心事，让人民群众舒心满意。作为领导干部，要始终把群众安危冷暖时刻放在心上，以造福人民为最大政绩，想群众之所想，急群众之所急，让人民生活更加幸福美满。要把群众满意不满意、赞成不赞成、高兴不高兴、答应不答应，作为衡量工作的最高标准，把群众的"好差评"作为评价干部政绩的"标尺杆"和"度量衡"，引导领导干部始终

---

① 参见《习近平同中央党校县委书记研修班学员座谈并发表重要讲话》，新华网，2015年1月12日。

② 参见《习近平参加十三届全国人大一次会议广东代表团审议》，新华网，2018年3月7日。

坚持人民至上理念，始终把人民安危冷暖、安居乐业抓在手上、放在心上，以造福人民的政绩赢得群众认可。以谷文昌、焦裕禄、孔繁森、杨善洲等为代表的党的优秀干部牺牲小我，胸怀国家和人民之大我，以造福人民为最大政绩，为各时期干部树立了标杆和榜样。唯有坚守一心为民的公仆情怀，才能一身正气荡人间、心底无私天地宽；唯有执政为民、践行宗旨、守住初心，才能赢得人民的真心拥护，经得起历史的检验。反之，为了一己之私，为了升迁铺路，脱离实际、违背规律、竭泽而渔地搞"包装""造景"，所谓的政绩只会成为无源之水、无本之木，甚至走上歪路邪路。

有的领导干部急功近利、急于求成，为了出"政绩"、早升迁，"打肿脸充胖子"，搞劳民伤财的"形象工程"、华而不实的"政绩工程"、寅吃卯粮的"负债工程"，启动时"热热闹闹""轰轰烈烈"，收场却"冷冷清清""凄凄惨惨"，最终沦为"半拉子"工程、"烂尾"工程。有的"换一任领导，变一套思路"，"抓一项工作，推一套创新"，搞花拳绣腿、虚张声势、应景造势，缺乏科学传承和工作延续，只求好看，不管实用，最终不仅干不出政绩，反而受到处分。群众对此极其反感、深恶痛绝。究其根源，就是政绩观扭曲、权力观错位，不是"从人民利益出发"，而是"从个人利益出发"，只顾给自己留名、为自己邀官，眼中只有"乌纱帽"。创造政绩到底为了谁，是为官从政、干事创业的核心问题。创造政绩是为群众谋福祉，还是为个人积攒政治资本，结果大相径庭。如果只为自己，就容易产生"新官上任三把火""风风火火三板斧"的倾向，容易导致"新官不理旧账""朝令夕改""翻烧饼"等问题。长此以往，就会出现重数字不重实绩、面子漂漂亮亮、里子空空荡荡的局面，就会产生形式主义、官僚主义，这样的所谓政绩必然是"注水分""装饰过"的。

**【案例】**

## 政绩冲动下的变味景观

近年来，有关政绩工程、形象工程的报道引发不少关注，特别是其中一些工程出现在经济欠发达地区却造价过亿、华而不实，甚至存在违纪违法问题，群众反映十分强烈。

1. 不顾财力盲目举债，选址"别有用心"，照搬照抄其他地区造景手法。日前，国务院办公厅督查室在对河北省衡水市景县违规征税等问题进行督查时发现，该县为举办第四届衡水市旅游产业发展大会，安排了景州塔景区提升项目、大运河景观廊带、董子文化小镇等11个重点项目，计划投资超过2.63亿元，其中6个项目没有预算，拟通过申报专项债券或一般债券解决约1.45亿元。修建景观亮化工程本不是坏事。符合地方实际、能展现地方特色、经过科学论证的景观亮化工程在提升城市形象的同时，也能带动当地经济发展，造福一方百姓。但是，倘若超出地方财力搞建设，在没有预算的情况下盲目决策，甚至打着提升城市形象的幌子制造"显绩"，为个人升迁铺路，景观亮化工程就会变味，成为华而不实的形象工程、政绩工程。明明财政收支紧张，却还要举债"提升城市形象"的例子并不鲜见。除了超越本地经济发展水平、盲目举债外，形象工程、政绩工程还存在一些共同特点，比如选址"别有用心"。2019年初，住房和城乡建设部通报，甘肃省榆中县在栖云北路与312国道交汇处、栖云北路入城口处建设两座高28米、宽145米的秦汉仿古城门、一座大型雕塑以及两个远离居住区的景观广场，平均造价达3425元/平方米。再如，照搬照抄、盲目移植国外及其他地区的造景手法，最终建出的景观与当地地域文化和历史文化格格不入。住房和城乡建设部通报还提到，陕西省韩城市西禹高速韩城出入口的"龙门"景观脱离地方实际，照搬照抄南方地区造景手法，与北方城市地理环境和整体风貌极不协调。一些政绩工程、面子工程反映出明显的"秀""大""急"问题。"秀"就是热衷于"造亮点""建门面"，华而不实、劳民伤财；"大"就是喜欢搞大动静、大场面、大拆建；"急"就是习惯搞"一阵风""一刀切"，遇事"三板斧"，热度"三分钟"。令人诟病的是，兴建这些"秀""大""急"工程的同时，一些基本的民生问题却长期得不到重视和解决。陕西渭南的"秦东水乡"工程不顾当地自然生态实际，旱地造湖，破坏耕地2041.50亩，其中永久基本农田139.77亩，大量农民因此丧失土地。

2. 政绩观错位，一把手任性用权，政府投资项目建设资金使用缺乏监管催生形象工程。一边是经济落后、民生问题亟待解决的现实困境，一边是置若罔闻、举债造景的荒诞行为，一些经济欠发达地区、贫困地区盲目造景的背后，反映出哪些问题？西南某地一位县处级干部说，有的地方、单位干部任期短、交流频繁，在不少干部眼中，对政绩的考核主要在于GDP增速以及各类工程建设项目。某些处心积虑树立个人形象、铺就升迁之路的领导干部会倾向于将资金投入到短期内易见成效的项目中，而对于一些保障民生和扶持中小微企业等周期长、见效慢的项目缺乏动力。在少数政绩观错位的人眼里，脱贫攻坚费时费力出不了成绩，只有搞项目建设才能彰显政绩。"把着眼点放在名利双收上。一方面大力推进自认为有效果的工作，以求得好名声；另一方面为家人谋利，当官不忘发财。"他们认为，只有项目建得好，才能让上级领导看到成绩。错位的政绩观背后，实则是政治纪律和政治规矩意识的缺失。而对权力的监督制约机制不够健全，在一些地方导致集体决策形同虚设，一把手权力不受约束，"一言堂"大行其道，都在一定程度上成为盲目造景的助推器。

3. 围绕动议、规划、审批、建设等建立健全相关机制，加大问责力度。近些年，我国在通过健全制度来防止政绩工程、形象工程上作出了不少探索，比如完善公共财政的预算监督机制、推动政府投资科学决策等。2018年9月，党中央、国务院发布《关于全面实施预算绩效管理的意见》，提出力争用3至5年时间基本建成全方位、全过程、全覆盖的预算绩效管理体系，其中对重大项目的责任人实行绩效终身责任追究制，体现了"花钱必问效、无效必问责"。2019年7月，《政府投资条例》正式施行，政府投资项目审批制度进一步规范，明确了项目单位应当编制和报批的文件、投资主管部门或者其他有关部门审批项目的依据和审查事项，并规定审批重大政府投资项目应当履行中介服务机构评估、公众参与、专家评议、风险评估等程序。除建立长效监管机制、合理使用财政资金外，发挥多种监督合力加强对一把手的监督，加大对搞形象工程、政绩工程行为的问责力度，也是加强约束的重要方式。中央纪委国家监委多次强调严肃查处应景造势等突出问题，修订后的《中国共产党纪律处分条例》增加了针对盲目举债"搞劳民伤财的'形象工程'、'政绩工程'"的处分规定，强化了对这一违纪行为的处分力度。健全制度和监督机制旨在从外部加强制约，从源头防止形象工程、政绩工程，最终要靠各级领导干部牢记初心使命，树立正确的政绩观，把人民群众的利益放在首位，扎扎实实为群众办实事、做好事、解难事。①

权力来自人民，权力服务人民。中国共产党没有特殊利益，党的一切奋斗和工作都是为了造福人民。党章庄严宣示："党除了工人阶级和最广大人民群众的利益，没有自己特殊的利益。"无论任何时候、任何情况，把人民赋予的权力用于为民谋利，都是领导干部一以贯之的政治本色。因此，每一名党员、干部特别是领导干部要清醒地认识到，手中的权力、所处的岗位，都是党和人民赋予的，是为党和人民做事用的，只能用来为民谋利，切实做到为官一任、造福一方。广大党员干部要树牢以人民为中心的发展思想，从内心深处解决好"我是谁""为了谁""依靠谁"的问题，站稳人民立场，践行群众路线，不计较个人功名，想群众之所想，急群众之所急，追求人民群众的好口碑，坚持把群众满不满意、支不支持作为检验工作成效的重要标准，多做得人心、暖人心、稳人心的好事实事，着力解决群众最关心、最迫切、最担忧的问题，把实现好、维护好、发展好最广大人民根本利益作为干事创业的出发点和落脚点，不负党和人民的重托与期待。

2. 强化"功成不必在我""功成必定有我"的历史担当

政贵有恒，治须有常。习近平总书记强调，功成不必在我，并不是消极、怠政、不作为，而是要牢固树立正确政绩观，既要做让老百姓看得见、摸得着、得实惠的实事，也要做为后人作铺垫、打基础、利长远的好事，既要做显功，也要做潜功。② 显绩一般指在

① 参见《观察：政绩冲动下的变味景观》，中央纪委国家监委网站，2020 年 9 月 19 日。
② 参见《习近平参加十三届全国人大一次会议山东代表团审议》，新华网，2018 年 3 月 8 日。

较短时间即可展现效果、发挥作用的政绩，主要包括速度、总量、效益，衡量指标包括 GDP、投资、消费、财政和居民收入等。潜绩是可持续发展的基础，是长期科学发展的潜力，短期内虽不会表现出明显效果，但经过一段时间持续用力，甚至"几任"接力，才能见效的政绩。实践证明，"潜"是"显"的基础，"显"是"潜"的结果，显绩与潜绩两者之间不是分割孤立的，而是相辅相成的关系。少数人政绩观发生偏差背离，没有把谋事业、促发展、求实效放在首位，而是片面认为"领导重视""上级关注"的才重要，对凡是能揽成绩、获表彰的争先恐后、唯恐落后，对短期不容易出成绩的幕后隐性工作，却敬而远之、避之不及。然而事实证明，潜绩做得扎实巩固，显绩才能有支撑有后劲，才能行稳致远。

不慕虚荣，不务虚功，不图虚名，是共产党员的权利观、政绩观、事业观。中华民族伟大复兴，绝不是轻轻松松、敲锣打鼓就能实现的。无论经济领域、社会领域，还是其他方面的事业，取得今天这样的伟大成就，离不开每一名党员干部的辛勤付出，但是"功成"并不属于一个人，往往需要一代人甚至几代人的不懈努力付出。心中"无我"才能做到"有我"，摒弃"小我"才能成就"大我"。实现中华民族伟大复兴，需要"我将无我，不负人民""功成不必在我，功成必定有我"的境界胸怀。"显绩"固然让人声名远播、扬名在外，但甘当绿叶、愿为"潜绩"而付出的"幕后英雄"，更值得肯定与敬佩。领导干部要有"功成不必在我"的精神境界和"功成必定有我"的历史担当，发扬钉钉子精神，一任接着一任干，一张蓝图绘到底。为官从政必须有毅力有恒心，始终做到不贪一时之功、不图一时之名，绝不能以牺牲人民群众长久根本利益方式追求"短平快"政绩。要不图虚名、不务虚功，看待事业重于名誉、看待责任重于泰山，始终保持愚公移山的精神，一步一个脚印，一任接着一任干，脚踏实地，久久为功。

【案例】

## 河北塞罕坝三代人造林传奇

塞罕坝机械林场是位于河北省最北端的一处大型国有林场，55年来，一代又一代"塞罕坝人"以改善生态、造福京津为己任，在极其恶劣的自然环境下造出了世界面积最大的人工林，为首都阻沙源、为京津涵水源，创造了生态文明建设的奇迹。

"塞罕"是蒙语，意为美丽。"坝"是汉语，意为高岭。这片昔日有千里松林的美丽高岭，由于连年火灾、乱砍滥伐，到新中国成立初期时，生态环境已严重恶化，成为人迹罕至的荒原。如不尽快治理塞罕坝，内蒙古浑善达克、巴丹吉林等沙地沙漠将继续南侵，直逼北京；京津的两大水源潮河、滦河也将受到影响。为遏止沙漠逼近北京、涵养京津地区水源，国家决定在河北北部建立大型机械林场。紧急集结起来一支平均年龄不到24岁的队伍，在1962年深秋，凿开了塞罕坝第一个树坑，开启了三代人55年的造林传奇。

1. 筚路蓝缕造山林。塞罕坝冬季漫长，年均气温在零下1.3摄氏度，极端最低气温为零下43.3摄氏度，年均积雪7个月，年均无霜期仅64天，年均6级以上大风日数76天。一位老职工回忆："大雪被风一刮，屋内就是一层冰，即使抱着火炉子也不会有热的感觉。晚上睡觉要戴上皮帽子，早上起来，眉毛、帽子和被子上会落下一层霜，铺的毡子全冻在了炕上，想卷起来得用铁锹慢慢地铲。"缺少粮食，就吃全麸黑莜面加野菜；缺少副食，多数时间只能吃咸菜，有时能吃上点盐水泡黄豆，就是难得的美味了。但最痛苦的，还是造林遇到的种种困难：由于缺乏在高寒、高海拔地区造林经验，前两年造林成活率不到8%。关键时刻，林场首任党委书记王尚海、首任场长刘文仕等人带领全场干部职工，改进了传统遮阴育苗法，在高寒地区首次取得全光育苗成功，放叶率达96.6%。

2. 不忘初心守林海。创业难，守业更难。20世纪80年代防火瞭望员赵福洲、陈秀玲夫妇，每年都要在不通水电、没有人烟的望火楼待上好几个月，用的是煤油灯、蜡烛，喝的是雪水、雨水，吃的是咸菜、干馍。在每年近10个月的防火期里，他们每隔15分钟就要瞭望一次，一天就要瞭望96次，一年要瞭望28000多次……50多年来，共有近20对夫妻守过望火楼。55年间，上百万亩的塞罕坝没有发生过一起森林火灾。2005年，河北农业大学林学专业本科毕业生于士涛，成了第三代塞罕坝人。走过了最初的寂寞和迷惑后，他深深地爱上了这片浩瀚林海，成长为塞罕坝分场场长，与技术人员一起实施了"森林防火关键技术研究"等6大林业尖端课题。如今，1962年最早上坝的那一批学生多数已经逝去，去世时平均年龄只有52岁。

3. 谱写绿色奇迹。50多年来，三代塞罕坝人造起了112万亩的世界最大人工林，使当地森林覆盖率高达80%。如今塞罕坝百万亩林海筑起了一道牢固的绿色屏障，有效阻滞了浑善达克沙地南侵，每年为滦河、辽河下游地区涵养水源、净化水质1.37亿立方米，固碳74.7万吨，释放氧气54.5万吨，可供199.2万人呼吸一年之用。近十年，塞罕坝与建场之初的十年相比，年均无霜期增加 14.6 天，年均大风日数由 83 天减少到 53 天，年均降水量增加 66.3 毫米，每年提供的生态服务价值超过 120 亿元。①

无誉之功，长兴之业。要坚持潜绩与显绩同等对待、同步发力。一方面，要关注当前和现在，多做能给群众带来实惠、百姓所思所想、所期所盼的"显绩"。另一方面，要着眼长远和未来，做好打基础筑根基、需长时间见效、图长远谋实利的"潜绩"。要清醒地认识到，做显绩不能以牺牲潜绩为前提和代价，否则看起来再漂亮的"显绩"也是不可持续、破坏性的。"显绩"需要"潜绩"的积累积淀，甚至需要一代人甚至几代人为之努力拼搏，唯有甘做铺路石、甘当绿叶，甘于默默奉献、无私付出，才能干出最有价值的政绩。不要人夸颜色好，只留清气满乾坤。领导干部在抓落实的过程中，要树立"功成不必在我"的精神境界和"功成必定有我"的历史担当，防止急功近利，避免焦虑浮躁，不舍尺寸之功，不捐毫末之益，多干打基础、利长远的事，真抓实干、不懈奋斗，创造经得住实践、人民、历史检验的政绩。

### 3. 坚持质量第一、效益优先发展理念

当前，我国经济发展正处于从量的扩张向质的提高转变的重要关口，处在从"有没有""够不够"转向"好不好""优不优"的重要节点，处在转变发展方式、优化经济结构、转换增长动力的攻坚期。习近平总书记强调，为了从根本上解决经济的长远发展问题，必须坚定推动结构改革，宁可将增长速度降下来一些。任何一项事业，都需要远近兼顾、深谋远虑，杀鸡取卵、竭泽而渔式的发

---

① 参见《河北塞罕坝三代人的造林传奇　55 年造出世界面积最大人工林》，新华网，2017 年 7 月 17 日。

展是不会长久的。① 算好发展这本账，必须顾大局、谋长远，求质量、重效益，坚持以发展的可持续性和子孙后代福祉为衡量准则，甘愿舍"小我"，吃"眼前亏"，善于从全局角度看得失、论成败。如果发展观念还停留在过去时，工作方式还依赖传统路径，就无法把握机遇、抓住良机、闯出新路。实践证明，谁在发展思维上转变得快，谁就越早赢得发展的主动；谁在发展思维上转变得彻底，谁就越能获得后续发展的强劲动力。

"高质量发展，就是能够很好满足人民日益增长的美好生活需要的发展，是体现新发展理念的发展，是创新成为第一动力、协调成为内生特点、绿色成为普遍形态、开放成为必由之路、共享成为根本目的的发展。"② 我国经济社会发展要以推动高质量发展为主题，这是我们党根据我国发展阶段、发展环境、发展条件变化作出的科学判断。这就要求每一名党员干部，都要坚定不移地贯彻新发展理念，坚持质量第一、效益优先，切实转变发展方式，推动质量变革、效率变革、动力变革，算好政治账、经济账、长远账，从"速度情结""换挡焦虑"中摆脱出来，把战略重点转到拼质量、拼效益、拼结构上，扎实练"内功"，稳健固"底板"，当推动高质量发展的先锋闯将，使发展成果更好地惠及全体人民，实现人民对美好生活的向往。

## 【案例】
### 江苏以综合考核引领高质量发展

苏南、苏北，发展水平差距明显，如何找到统筹全盘的

---

① 参见《习近平总书记在二十国集团领导人第八次峰会第一阶段会议的发言》，新华网，2013年9月6日。
② 《习近平谈治国理政》第三卷，外文出版社2020年版，第238—239页。

"总抓手"？2018年，江苏省委决定启动年度综合考核，围绕习近平总书记对江苏提出的"经济强、百姓富、环境美、社会文明程度高"目标，引领苏南、苏北立足各自实际，将发展重点聚焦经济发展、改革开放、城乡建设、文化建设、生态环境和人民生活"六个高质量"。

徐州地处苏北，作为老工业基地、资源枯竭型城市，在践行新发展理念上表现不俗，转型之路走得虽艰难却执着。

"我们徐州矿务集团变几回了。"30多岁的武家龙说起自己工作了多年的企业，十分感慨。

第一次是"黑变白"。武家龙大学毕业后，在庞庄煤矿当机电维修员，"每天8小时都在井下，总是满身满脸的煤渣"。2014年，庞庄煤矿关闭，武家龙考进一墙之隔的华美热电公司，穿着白大褂坐在了热控专业干净敞亮的工位上。

华美热电是徐州矿务集团旗下的热电联产企业，可以将劣质煤、矸石、煤泥等作为燃料"吃干榨尽"，既发电，又供热，残渣还能制造水泥和新型地砖。采用超低排放技术，燃煤电厂的排放比燃气电厂要少。如今，华美热电能够消化徐州周边的许多劣质煤。

第二次是"白变绿"。2016年，华美热电利用庞庄煤矿关闭后的土地资源，加上丰富的电力、热力资源，启动建设淮海大数据产业园，吸引华为、中国移动等企业纷纷入驻。随着华美热电这次"煤网联姻"，武家龙又来到大数据产业园，开始从事大数据设备检修工作。

武家龙的经历并非个案。近5年，徐州先后关闭6对矿井，同时推进矿区、采煤塌陷区生态转型。徐州采煤塌陷区新增近百个湖泊、湿地和景观区。

综考以"六个高质量"量化指标，解决了"动力"问题。"苏北因为落后而长期只重经济，现在是综合考核，考的就是有没有贯彻新发展理念！"一位长期在苏北工作的干部坦言，徐州拿到综合考核第一等次，对整个苏北地区都是激励。

综考"一张试卷"，解决了多重压力问题。"没有综合考核，各地按惯性发展，实际上缺乏抓好发展的压力；专项考核太多，各地疲于应付，负担和压力又太重。"省考核办有关负责人表示，综考既形成了压力传导机制，又将各类考核删繁就简，为基层实实在在减负。实行综考后，省级督查检查考核从237项减到84项。

综考以"个性指标"，解决了活力问题。为鼓励各地特色化发展，综考除设有18项共性指标外，还设有6项个性指标。作为资源枯竭型城市，徐州的采煤塌陷区治理就被列入个性指标，"个性指标鼓励把特色工作做好，让所有梦想都开花！"省考核办有关负责人说。

"追求什么样的发展方式，就得有相适应的考核引导机制！"时任江苏省委书记娄勤俭表示，江苏实行综合考核，是贯彻新思想新理念、把高质量发展落到实处的制度性安排，这个体系今后还将持续优化完善。①

高质量发展是从"有没有"到"好不好"的发展，着重解决发展不平衡不充分问题。思想决定出路，眼界决定境界。推动高质量发展，就要坚决从"GDP崇拜""速度情结"中摆脱出来，从粗

---

① 参见《江苏以综合考核引领高质量发展》，《人民日报》2019年9月22日。

放式发展中摆脱出来，坚持质量导向，坚持量服从于质，既重视量的积累，更注重质的提升，坚决摒弃重速度轻质量、重建设轻产业、重当前轻长远、重审批轻服务、重权力轻法治，无论是抓党的建设、抓经济发展，还是抓改革创新、抓基层治理，都要坚持质量第一、质量优先，实现更多有含金量的发展。在转变发展理念的过程中，不可避免地要承受短期阵痛，付出眼前利益代价，但必须清醒地认识到，坚持贯彻新发展理念，失去的只是效益低下、难以持续的粗放式增长，换来的却是绿色优质、前景无限的新天地。

## 二、建立高质量发展政绩考核长效机制

习近平总书记强调，如何考准考实干部政绩，也是一个难点。要改进考核方法手段，既看发展又看基础，既看显绩又看潜绩，把民生改善、社会进步、生态效益等指标和实绩作为重要考核内容。[①] 不断改进政绩考核方式，提升政绩考核水平。要构建形成科学管用的高质量政绩考核长效机制，制定强有力的组织、考核、激励措施，以政绩考核促落实、求实效。

我们党历来高度重视政绩考核工作。党的十八大以来，习近平总书记对考核工作提出了一系列新理念新思想新要求，为进一步做好考核工作提供了根本遵循。进入新时代，干部"干什么""怎么干"有了新的更高要求，干部考核"考什么""怎么考"需从制度层面作出调整。1998 年印发的《党政领导干部考核工作暂行规定》和 2009 年印发的《党政领导班子和领导干部年度考核办法（试行）》，对规范干部考核工作发挥了重要作用，但已经不能完全适

---

① 参见《习近平在全国组织工作会议上强调：建设一支宏大高素质干部队伍，确保党始终成为坚强领导核心》，新华网，2013 年 6 月 29 日。

应新时代的要求。① 经党中央同意，2019 年 4 月，中央办公厅印发
《党政领导干部考核工作条例》。该条例突出政治性、时代性和针
对性，紧紧围绕新时代新使命新要求确定考核内容指标，把适应新
时代要求、落实党中央决策部署、完成目标任务的能力作为考核领
导班子领导能力的重要内容，把解决发展不平衡不充分问题、满足
人民日益增长的美好生活需要的情况和实际成效作为考核领导班子
工作实绩的重要内容，注重考核各级党委（党组）领导班子落实
新时代党的建设总要求、抓好党建工作的实绩。明确规定落实新发
展理念，改进推动高质量发展的政绩考核，因地制宜合理设置考核
指标及权重，突出对打好重点任务攻坚战的考核，加强对深化供给
侧结构性改革、推动创新发展等工作的考核，加大新增债务等约束
性指标的权重。2020 年中共中央组织部印发《关于改进推动高质
量发展的政绩考核的通知》，要求进一步改进地方党政领导班子和
领导干部政绩考核工作，推动形成能者上、优者奖、庸者下、劣者
汰的正确导向，引导各级领导干部牢固树立正确的政绩观，不断提
高贯彻新发展理念能力和水平，提高制度执行力和治理能力。2023
年中央组织部、人力资源和社会保障部印发《事业单位工作人员
考核规定》，对事业单位工作人员考核工作的基本原则、内容标
准、方式程序、结果运用等作出规定，为全面准确评价事业单位工
作人员德才表现和工作实绩，加强高素质专业化事业单位工作人员
队伍建设提供了制度支撑。

## （一）改进考核方式，增强精准性、针对性

切实把推动高质量发展的要求融入平时考核、年度考核、专项

---

① 参见《中组部负责人就印发〈党政领导干部考核工作条例〉答记者问》，《人民日
报》2019 年 4 月 22 日。

考核、任期考核等多种考核方式，全方位、多角度对干部进行考察。坚持"定量+定性""考人+察事"相结合，综合运用督查、巡视、巡察、大数据、审计等方式手段，深入工作一线实地考核，多种考核相互补充印证，切实把真干假干、干多干少、干好干坏辨别出来。特别是要通过多到现场看、多见具体事、多听群众说，深入了解群众的真实评价，引导领导干部始终坚持人民至上理念，厚植人民情怀，站稳人民立场，恪守为民宗旨，时刻把人民安危冷暖时刻放在心上、抓在手上，用心用情用力解决好群众的操心事、烦心事、揪心事。坚持多层次、多渠道、多侧面考核，拉大政绩考核弧度，拉长政绩考核焦距，建立健全可量化、能定责、可追责的指标体系，推动政绩考核走实、走深，防止考核"一刀切"。坚持客观、全面、辩证地分析个人贡献与集体作用、主观努力与客观条件、增长速度与质量效益、显绩与潜绩、发展成果与成本代价等情况，防止简单以地区生产总值及增长率排名或者以民主测评、民意调查得票得分多少来确定考核结果，确保考准考实、不出偏差。

## （二）优化考核内容，增强系统性、科学性

引导领导干部以推动高质量发展工作实绩践行"两个维护"，把贯彻落实习近平总书记重要指示批示精神和党中央决策部署，贯彻新发展理念、推动高质量发展的工作实绩表现，作为评价领导干部政绩的基本依据，作为检验是否增强"四个意识"、坚定"四个自信"、做到"两个维护"的重要尺度。对照贯彻新发展理念，对应创新、协调、绿色、开放、共享发展要求，根据不同地区发展定位、发展阶段、资源禀赋、经济结构等方面区别，合理设置关键性、引领性考核指标，实行分级分类考核，引导广大党员干部抓重点破难题、补短板锻长板。打破传统以数量、规模为评价导向的惯

性思维,从重数量、重规模转向重质量、重效益。重点考核领导干部在切实转变发展方式,推动构建新发展格局,推动质量、效率和动力变革等方面的实绩。统筹普遍性和特殊性,政绩考核内容,既要有相对统一的内容要求,又要针对不同区域、不同部门、不同类型、不同层次领导班子和领导干部特点,突出差异化指标权重,根据不同岗位量体裁衣,科学设定符合岗位实际的考核标准,避免"一套衣服大家穿""一张方子治百病"。具体考核内容要更聚焦,把科技创新、社会民生、生态环境、人民健康、公共安全、党的建设等关键指标作为重要的政绩考核内容,既要持续推进传统领域高质量发展,又要推进新产业、新业态、新模式等新兴领域发展。国内多地对细化高质量政绩考核内容进行了积极探索。北京市研究制定《年度区局级领导班子和领导干部考核工作通知》,突出高质量发展政绩考核要求,加强与高质量发展综合绩效评价等重要业务考核的衔接,完善考核要点。河北出台《高质量发展综合绩效评价指标体系(试行)》,提出七大类 44 项具体指标,把全省各级各部门分为省直部门、设区市、雄安新区、县(市、区)4 个考核类别,将 167 个县(市、区)分成重点开发区、资源型城区等 9 类,将 81 个省直部门分成党政综合、经济发展、执法监督、公共事务、群团事业等 5 类,分类建立体现高质量发展要求的政绩考核指标。四川按照"五大经济区",通过科学设置指标、优化分值权重等方式,对市(州)推动高质量发展情况进行差异化考核评价。①

---

① 参见《用好考核指挥棒 树立正确政绩观——解读〈关于改进推动高质量发展的政绩考核的通知〉》,《人民日报》2021 年 1 月 19 日。

## （三）拓展考核主体，增强参与度、开放性

时代是出卷人，我们是答卷人，人民是阅卷人。人民是最高裁决者和最终评判者，检验一项工作的成效成色，人民群众最有发言权。推进高质量政绩考核，必须尊重人民作为评判者的权威性，充分依靠群众、相信群众，注重体察群众主观感受，让群众监督评判高质量发展各项工作成效，把群众的"好差评"作为干部的"正衣镜"、政绩的"度量衡"，将评价标尺交给人民群众，让群众评判、由群众打分，倾听和接受群众意见和建议。目前，政绩考核仍存在封闭化、内部化问题，缺乏群众的切身参与，难以真正反映民众的所思所想所盼。对此，应进一步健全完善干部政绩考核评价流程，明确群众参与干部政绩考评的程序办法。充分利用数字化、信息化手段，积极探索群众参与政绩考核的方式。同时，在推动高质量政绩考核过程中，要拓宽思路、创新方式，拓展考评主体，用好第三方评估，提升考核效率效能。第三方评估，即相对于第一方政策制定执行者、第二方政策服务对象而言的第三方，比如科研机构、专业组织、社会公众等，采取一定的程序、标准和方法，对政策措施执行情况和实施效果进行估计和评价的活动。其本质是由政府以外的机构组织评估工作效果。第三方评估是政府管理创新举措，作为一种必要而有效的外部制衡机制，弥补了传统的政府自我评估的缺陷，在促进服务型政府建设方面具有重要的促进作用。近年来，随着第三方评估力量加入政绩考核，有效提升了考核的开放性，拓展了社会参与度，得到了基层干部群众的认可。当前，应充分发挥外部专家、专业机构、专业公司等第三方评估力量作用，对专业性强、不易有直观感受的政府绩效进行评估，提升政绩考核的真实性、客观性、科学性。

【案例】

# 政府管理方式重大创新

## ——国务院督查引入第三方评估启示

为推动已出台政策措施落实，2016 年 6 月国务院启动全面大督查，并在自查和实地督查基础上引入第三方评估，成为此次国务院督查最大的创新和亮点。根据部署，第三方评估主要邀请全国工商联和部分研究咨询机构，围绕简政放权、棚户区改造、精准扶贫、重大水利工程等部分重点政策措施落实情况展开评估，以便与自查和督查情况进行对表分析。引入第三方评估是新一届政府工作的一大创新，不仅树立了"言必信、行必果"施政新风，更迈出了推进政府治理方式改革、打造现代政府的重要一步。

1. 谁来评、评什么：第三方评估开创国务院督查"先河"。

第三方评估，意味着作出评估结论的机构或个人既非政策制定者，也非执行者。其实质是一种更客观的社会监督。受邀的四家机构——全国工商联、国务院发展研究中心、国家行政学院、中国科学院马不停蹄地深入中央部门和各地展开了调研评估。相对于八个督查组重点关注的具体政策，机构评估内容更具体、更有针对性：全国工商联负责"落实企业投资自主权，向非国有资本推出一批投资项目的政策措施"落实情况的第三方评估；国务院发展研究中心负责"加快棚户区改造，加大安居工程建设力度"和"实行精准扶贫"两项政策落实情况的第三方评估；国家行政学院负责"取消和下放行政审批事项、激发企业和市场活力"政策落实情况的第三方评估；中国科学院负责"国务院重大水利工程及农村饮水安全政策措施"落实情况的第三方评估。在督查中引入第三方评估，是政府管理方式的重大创新，体现了政府更加开放、乐于接受监督的胸怀。让专业部门评估政府工作，用群众的眼睛监督政府，有助于避免政府在自我评价体系中既当运动员又当裁判员。

2. 深入查、专业评：第三方评估为政策落到实处"铺路"。"听到了平常听不到的情况，看到了平常看不到的问题。"引入第三方评估，就是要发现一些政府内部监督碰触不到、不敢公开的问题，让监督更加客观、独立、公正。国务院发展研究中心将地方反映的"建设资金缺口和中长期债务压力增大"列入有关"加快棚户区改造"政策措施的落实情况评估报告。一些部委感慨："讲出了以前不好意思说的问题。"中介服务中存在的突出问题同时出现在全国工商联和国家行政学院的报告中，凸显这一问题不容忽视。

3. 查实情、出实招：让政策落实成为一场"接力赛"。在第一方执行、第二方监督之外，引入客观中立的第三方评估，如同一面镜子，帮助政府发现问题、找到差距，推动政策实实在在地得到落实。在过去十年已取消下放2000多项行政审批事项后，国家行政学院报告形容此轮改革从一开始就进入深水区："这就像跳高，到了一定高度后，再增加一厘米，跨越难度都成倍增加，突破价值也越大。""有的对审批很迷恋，对监管很迷茫。"——关注监管短板的同时，报告记录了一所大学的苦恼：仅2014年上半年就按上级部门要求开展了22项各类先进评比活动，其中中央级13个，干扰了学校的正常教学科研工作。部分垄断性强领域民间资本仍难进入——报告发现，推出示范项目的5个领域中，交通项目民资参与比例不足30%，油气管网和储气设施领域民间资本只参与了 1 个项目。剖析报告中的各种问题，有的是政府部门出于自身利益难以提出的，有的是政府碍于种种关系不好意思说出的，还有的是上下执行中各部门或各地方自身难以解决的。①

## 三、切实发挥高质量政绩考核"指挥棒"作用

政绩考核不是为考而考，释放考核结果的"反馈效应"，目的是激励干部主动担当、积极作为。只有考核结果被充分运用，考核才能体现价值。如果"考"而不"用"，把结果"束之高阁"，政绩考核就会失去激励鞭策作用，沦为"稻草人""纸老虎"。

目前，对政绩考核结果还存在误用、滥用、错用等问题，尚未得到科学合理使用。有的为了考核而考核，考核完就万事大吉，考核结果仅用于走形式、走过场，没有得到进一步使用，也未向社会公开形成舆论监督氛围，难以发挥激励作用，很难对领导干部产生有效影响。有的则存在过度使用考核结果现象，搞"一考定终身"，动辄"一票否决""末位淘汰""通报批评"，使领导干部面临巨大考核压力，甚至为了考核等次而弄虚作假，这种问责式激励不仅起不到正向作用，反而会扭曲激励机制作用，导致负面影响。

心理学研究表明，及时对结果进行评价并反馈给评价对象，能强化活动动机，起到促进工作作用。考核结果反馈具有很强的政治性、操作性，科学、合理、有效发挥好指挥棒、风向标、助推器作用，必须不断强化考核结果运用，真正用好、用足、用到位，把考

---

① 参见《政府管理方式的重大创新——国务院督查引入第三方评估的启示》，新华网，2014 年 8 月 31 日。

核结果与干部的选拔任用、培养教育、管理监督、激励约束、问责追责等有机结合起来，依据考核结果进行奖惩，在奖优罚劣基础上，最大限度激发调动广大党员领导干部贯彻新发展理念、推动高质量发展的积极性、主动性和创造性，形成能者上、优者奖、庸者下、劣者汰的鲜明导向。

重点是做好"结合"的文章，推动考核结果更好运用。

第一，考核结果与选拔任用有机结合。按照新时代好干部标准，通过考核评价，综合考量分析干部德才勤绩廉等情况，对业绩突出、想干事、能干事的干部，优先提拔重用；对群众反映较差，不担当不作为的，严格按相关制度规定给予组织处理。把考核结果作为领导班子调整配备、干部选拔任用、职级晋升重要依据。通过高质量考核结果反馈，使被考核者认同和信服，为干部选拔任用打下良好基础。

第二，考核结果与奖优罚劣有机结合。围绕高质量发展目标任务，完善考核奖惩问责机制，把考核结果作为领导班子和领导干部评先选优的重要依据。坚持精神鼓励与物质奖励结合，通过创设"突出业绩奖""争先进位奖"，打破利益分配"大锅饭"，让实干者劳有所得、功有所奖，引导广大党员干部比学赶超、创先争优。对在推动高质量发展中有作为、有实绩、有贡献的，按照有关规定嘉奖、记功、授予称号，予以表彰嘉奖，激励先进，鞭策后进；对推动高质量发展不担当、不作为，依规依纪给予批评教育、责令检查、通报批评、诫勉、组织调整或者组织处理。通过对考核结果的科学有效运用，形成一种正向激励导向，促进担当作为，严厉治庸治懒，达到鼓励先进、鞭策落后的目的，真正让干得好的"立起来"，干得差的"动起来"，让干部干事有劲头、创业有奔头、前途有盼头。

【案例】

## 泰州市"蜗牛奖"打破一团和气的干部激励机制

近日,江苏省泰州市向"懒政怠政"亮剑,公布首批"蜗牛奖"获得者名单,12个部门(单位)被公开曝光。

推出这类严肃中带点"戏谑"味道的奖项,既是吸收民间智慧创新考核激励干部的好思路,也显示出地方政府治理懒政怠政的决心和勇气。政府来发"蜗牛奖",类似于"黄牌警告",是要让庸政懒政怠政者感到难堪、羞愧、没面子,让领奖人"入脑入心",让机关干部"步步惊心",真正改变不良作风,力行"三严三实"提升服务水平。

无独有偶,这也令人想起两年前渭南市的类似举措。当时,渭南市召开的2014年县区的政绩考核,会上有6个县市区领到"最后一名"奖。不管是渭南市还是泰州市,皆用新闻媒体的监督力量来曝光治理"慢作为、不作为"现象,让干得出色的区县部门和个人接受表扬和赞誉,让干得不好的在公众场合红红脸,出出汗。两者最大特征是,考核评比打破了"一团和气"的氛围。

近年来,各地各部门为解决"不作为、慢作为"问题,纷纷出台了工作实绩考核机制,对重点工作和重点任务也定期加强督查督办,虽有成效,但还是像"算盘珠"一样,拨一下,动一下。有一个不容忽视的问题,就是表彰优秀者时才会点名、颁奖,而对落后分子往往以"一些干部""某个部门"等模糊字语一笔带过。一团和气的评比,令后进者缺少"刻骨铭心"的记忆,问责效果不够强烈,这样的考核对推动工作的作用难免打了折扣。

泰州"蜗牛奖"的设立,对于推进重点项目不得力、履行行政职能不到位、解决群众关切问题不及时的部门责任人具有倒逼作用，已经初见成效。而渭南市的效果更为明显，据介绍，该措施实施后，连续两季度领取"黄牌"的区县基本上没有。实践证明，要求千遍万遍，不如问责一次。治懒治庸必须打破一团和气，不光要用好正面典型的激励作用，也要用足反面典型的警示作用。"蜗牛奖"要成为常态化的"杀手锏"，才不失为整治懒政惰政的"强心针"，才能让后进者自觉清醒认识、发现问题、改善不足。①

多个地方设立"蜗牛奖"，向不作为、慢作为、不担当问题亮剑。山东省淄博市周村区出台《关于大力弘扬"店小二"精神打造最优营商环境的实施意见》，在山东省首设"蜗牛奖"。安徽岳西、浙江缙云、贵州贵定等地也纷纷开设"蜗牛奖"。另外，一些地方还探索为干事创业者颁发"骏马奖"、为服务态度差者颁发"刺猬奖"、为不担当者颁发"鸵鸟奖"。2018 年 11 月 22 日，泰州市向社会公布了第一批"骏马奖"获奖名单，这是继"蜗牛奖"后泰州市设立的又一特别奖项，旨在大力宣传改革创新、干事创业的先进典型，激励广大干部见贤思齐，奋发有为，撸起袖子加油干。据悉，在"骏马奖"评选过程中，泰州坚持"开门评议"，邀请党代表、人大代表、政协委员和群众代表参加，实行无记名投票。对获得"骏马奖"的部门（单位）、内设机构、个人在市级新闻媒体予以通报表扬，酌情给予一次性奖励，所在部门（单位）当年综合考核适当加分。被认定"骏马奖"的市级机关部门（单位）、内设机构，主要负责人年度考核可确定为"优秀"等次；被

① 参见《泰州市"蜗牛奖"，打破一团和气的干部激励机制》，人民网，2016 年 4 月 18 日。

认定为"骏马奖"的个人，年度考核可确定为"优秀"等次，在提拔使用上优先考虑。

第三，考核结果与日常监管有机结合。把考核作为从严管理干部的有效手段，对考核中发现的苗头性、倾向性问题，早提醒、早纠正，真正把问题解决在萌芽状态，防止"蚁穴溃堤"。建立健全考核结果反馈制度，通过领导约谈、集体点评、向个人反馈、媒体通报等多种形式，适度扩大考核结果公开，既保护好干部的积极性，又要层层传递压力。

在运用高质量政绩考核结果时，还要认真落实好"三个区分开来"要求，即把干部在推进改革中因缺乏经验、先行先试出现的失误错误，同明知故犯的违纪违法行为区分开来；把尚无明确限制的探索性试验中的失误错误，同明令禁止后依然我行我素的违纪违法行为区分开来；把为推动发展的无意过失，同为谋取私利的违纪违法行为区分开来。习近平总书记指出：对那些勇担当、有本事、坚持原则、不怕得罪人、个性鲜明的干部，往往会出现认识不尽一致的情况，组织上一定要为他们说公道话。关键是建立健全容错纠错机制。容错纠错机制是改革创新担当者的"定心丸"，是新发展理念践行者的"保护伞"。建立健全容错纠错机制，旨在解决干部放不开手脚的问题，最大限度为勇于担当、主动作为、敢于创新的干部卸下包袱、打消顾虑，让其无后顾之忧、轻装上阵。

要准确把握容错原则，正确看待和把握领导干部在推动高质量发展过程中出现的失误和错误，结合具体情形，进行综合分析。探索就可能失误，做事就可能出错，洗碗越多摔碗概率越大。当前，面对改革"深水区"，干部队伍中或多或少存在思想顾虑：怕决策失误、怕承担风险、怕干得多出错多。对此，要坚持容错激励，让想干事能干事的干部放开手脚、大胆创试。对创新探索、先行先试，不是谋取私利、个人专断的，要大胆容错，为担当尽责者撑硬腰、鼓实劲；对工作中出现失误的领导干部，给予帮助和指导，引导其补齐能力素质短板。对在改革创新中出现偏差失误、已作出容错决定的干部，在选拔任用、考核定等、评先评优等方面不受影响。持续深化纠错防错机制，探索建立不实举报澄清制度，及时消除不良影响，保护干部干事创业热情。要厘清边界、细化标准、精准识别，明确哪些错误可免责、哪些错误须追责，为干事者、担当者、改革者提供清晰的行动准则和稳定的心理预期，保护那些作风正派又敢作敢为、锐意进取的干部，切实为敢于担当的领导干部撑腰鼓劲。"纠错"与"容错"并行不悖、缺一不可。容错不等于无限度宽容，更不等于可以乱干胡来。要准确把握政策界限，在实施容错机制的同时，坚决反对消极腐败，防止激励变纵容、保护变庇护，严禁打改革创新旗号搞劳民伤财的"政绩工程""形象工程"，对违纪违法行为严惩不贷，防止混淆问题性质、把容错机制当成盲目决策、谋求私利的"保护伞""免责牌"，搞纪律"松绑"，确保容错在纪律红线、法律底线内进行，让纠错机制发挥治病救人之功效。

通过用好高质量政绩考核结果，着力实现三个效果。

第一，为干事者撑腰。习近平总书记强调，各级党组织要旗帜鲜明肯定表彰锐意进取的干部，教育帮助"为官不为"的干部，支持和鼓励干部一心向公、兢兢业业、敢于担当。真正把那些想干事、能干事、敢担当、善作为的优秀干部选拔到各级领导班子中来。为此，应进一步强化激励，既注重正向激励，又注重反向鞭策，为敢于担当者撑腰鼓劲壮胆，在其遇到挫折时帮一把、失落失意时拉一把、受到排挤时挺一把，旗帜鲜明地支持、鼓励、保护和褒奖担当者，让敢于担当的干部得到提拔重用，让实干者得实惠。

真正把政治过硬、信仰坚定、实干苦干的干部，把不图功名、不谋私利、默默耕耘的干部，把坚持原则、敢于斗争、不怕得罪人的干部发现出来、提拔使用起来。对那些热衷喊口号、做表面文章的干部，对精神懈怠、萎靡不振的干部，对明哲保身、不愿担责的干部，坚决调整下去，真正让敢于担当作为者得重用、受褒奖，让碌碌无为者让位子、受警醒。

担当是领导干部必备的基本素质，一个干部有多大担当才能干多大事业。担当是领导干部的职责使命，是一种境界、一种胆识，也是一种本领。进入新时代，踏上新征程，推动地方经济社会更好更快发展，需要每一名党员干部特别是领导干部树立"等不起"的紧迫感、"慢不得"的危机感和"坐不住"的责任感。为官一任，造福一方。判断一名干部有没有担当、能不能干事，既要看日常工作表现，更要看在紧要关头、火线一线、大事难事中的表现。为官一任干得怎么样、干多少业绩，不能只看报告里怎么写、电视上怎么讲、上了多少项目、铺了多少摊子，主要看是否践行了新发展理念、推动了地区发展、造福了一方百姓。

激励干部担当作为、干事创业，不能只靠"拍拍肩膀鼓鼓劲"，也不能只是"挥挥拳头喊加油"，要有实实在在的"硬核"举措，全方位地加强关心关爱，让干部主动作为、竞相"出彩"。为敢于担当者提供干事创业的舞台，大力选拔重用在经济社会发展一线、重大任务主战场中敢闯敢试、敢为人先的干部，在重点任务、重大项目、重要工作中站得出来、豁得出去、实绩突出的干部，形成强烈的正面激励效应。树立担当作为的鲜明用人导向，旗帜鲜明讲政治，严把政治关，看是否增强"四个意识"、坚定"四个自信"、做到"两个维护"；看是否在大是大非问题上坚持原则、敢于斗争；看是否善于从政治上观察和处理问题，严守党的政治纪律和政治规矩，自觉做政治上的明白人、老实人。坚持事业为上、以事择人，突出信念过硬、责任过硬、能力过硬、作风过硬，把面对矛盾是否敢于迎难而上、面对危机是否敢于挺身而出、面对失误是否敢于承担责任、面对歪风邪气是否敢于坚决斗争作为评价干部的标尺，对在危难时刻、紧要关头能够冲上去、打得赢的干部，要大胆使用。坚持全方位、多角度、立体式考察干部，在更宽领域、更大范围发现和选拔促进派、实干家、老黄牛，敢于打破常规大胆提拔使用，进一步树立鼓励和引导广大干部干事创业、改革创新的良好用人导向。

第二，让无为者失位。习近平总书记指出，要践行新时代好干部标准，不做政治麻木、办事糊涂的昏官，不做饱食终日、无所用心的懒官，不做推诿扯皮、不思进取的庸官，不做以权谋私、蜕化变质的贪官。慵懒散漫，不作为、慢作为影响恶劣、危害极大。一些干部抱有"怕出事""甘当太平官"心理，有的担当不足不敢为、有的动力不足不想为、有的能力不足不会为，尽管表现不同、成因各异，但造成的后果却极其相似，即严重损害群众利益，严重破坏了党和政府在人民群众中的形象和公信力，甚至导致一个地区错失发展机遇、各种问题堆积。究其根源，就是服务观念缺乏、宗旨意识淡薄、官僚主义作风浓厚。不作为、慢作为既是对上不负责，不仅阻碍中央决策部署的落地落实，而且"梗阻"了和群众之间的桥梁纽带；也是对下不负责，对群众的烦心事、担心事"一推二拖三挂起"，严重影响党群、干群关系。"太平官""庸懒官"带来的负能量不可忽视，其危害性有时甚至比腐败更严重，必须重拳处理和整治。对不担当、不作为的干部，特别是那些只想当官不干事、只想揽权不担责、只想出彩不出力、只唱高调不落实的干部，该免职的免职、该调整的调整、该降职的降职，起到调整一个、教育一片、警示一批的震慑效果，推动能上能下成为常态。

【案例】

### 为干事者"撑腰" 向诬告者"亮剑"

党的十八大以来，各界群众热烈响应党中央全面从严治党的战略举措，依法开展监督，积极提供党员干部和国家公职人员违纪违法问题线索，为全面从严治党向纵深发展发挥了重要作用。但不可忽视的是，也有一些别有用心者故意捏造"问题线索"，借信访举报打击报复、诬告陷害敢于担当、勇于负责、善于作为的干事创业者。有的在换届考察前夕，故意制造"黑料"，给他人"使绊子"；有的因为好干部在干事创业、推进改革的过程中触碰了自己的"奶酪"，便借机无中生有、打压报复；有的则因为自身的不合理诉求没有得到满足，就肆意造谣中伤、罗织罪名……透过现象看本质，诬告陷害、歪曲事实的手段、情形虽然有别，但背后往往都是为了一己之私，企图通过"踩低"别人谋取自身不正当利益。

捕风捉影、指鹿为马的诬告陷害令好干部蒙受不白之冤，挫伤了他们干事创业的积极性、主动性、创造性，浪费了纪检监察机关严格按照程序处理信访举报件的工作资源，破坏了一个地区、行业、领域的政治生态。长此以往，容易造成"劣币驱逐良币"的现象，让部分党员干部"寒了心""泄了劲"。祛邪必须扶正，激浊方能扬清。只有让诬告者受到严惩，体会到代价之重，才能刹住歪风邪气，形成激励党员干部新担当新作为的正向氛围。如果对无事生非、造谣生事者视若无睹乃至纵容放过，那无疑是对担当有为者的二次伤害。

事实上，诬告陷害不仅是歪风邪气，更触碰了纪法底线。从党规党纪到法律法规，均对诬告陷害的处理作出明确规定。《中国共产党纪律处分条例》第六十九条规定，党员诬告陷害他人意在使他人受纪律追究的，给予警告或者严重警告处分；情节较重的，给予撤销党内职务或者留党察看处分；情节严重的，给予开除党籍处分。《中华人民共和国监察法》第六十四条规定，监察对象对控告人、检举人、证人或者监察人员进行报复陷害的；控告人、检举人、证人捏造事实诬告陷害监察对象的，依法给予处理。《中华人民共和国刑法》第二百四十三条指出，捏造事实诬告陷害他人，意图使他人受刑事追究，情节严重的，处三年以下有期徒刑、拘役或者管制；造成严重后果的，处三年以上十年以下有期徒刑。

依规依纪依法严肃查处诬告陷害行为，及时向社会澄清事实、为受到诬告者"洗清冤屈"，一方面是帮助敢担当、敢负责的干部卸下思想包袱、消除顾虑，理直气壮为干事创业者撑腰鼓劲，让流汗者不流泪、担当者没有后顾之忧；另一方面也旗帜鲜明向诬告陷害者亮明了态度，信访举报绝不是打压能者的报复手段，谁搞诬告陷害，谁就必须付出沉重代价。①

第三，让担当作为蔚然成风。贤良之士众，则国家之治厚。我们党之所以能够始终保持强大的组织力、凝聚力、创造力、战斗力，应对各类风险挑战，战胜各种艰难险阻，关键是有一批批敢作敢为、善作善为、前仆后继的优秀干部冲锋在前。干事创业，关键在人，关键在干部。习近平总书记指出，干部干部，干是当头的，

---

① 参见《为干事者"撑腰"  向诬告者"亮剑"》，中央纪委国家监委网站，2018年
8月22日。

既要想干愿干积极干，又要能干会干善于干，其中积极性又是首要的。践行新发展理念，推动高质量发展，开启全面建设社会主义现代化国家新征程，必须充分激发干部队伍的整体活力，迫切需要一大批敢啃硬骨头、勇挑重担子、敢接烫手山芋的冲锋队，迫切需要广大党员干部敢闯敢试、作出表率，在新征程道路上担当新使命、展示新气象、展现新作为，努力创造属于新时代的光辉业绩。通过实施高质量发展政绩考核，牢固树立"重实干、重实绩"的用人导向，就是让想干事者有机会、能干事者有舞台、干成事者有位置，亮剑不担当不作为的干部，为担当有为者注入奋发有为"强心剂"，引导各级党员干部增强时不我待、只争朝夕、勇立潮头的历史担当，增强在其位、谋其政、干其事、求其效的使命职责，增强守土有责、守土负责、守土尽责的责任担当，激励各级党员干部冲锋在前、担当在前、奉献在前的时代责任，不负党和人民重托，带头履职尽责、带头担当作为、带头承担责任，以担当带动担当、以作为促进作为，把心中热火转化为攻坚克难的燎原之势，让敢担当、善作为蔚然成风，在全社会形成崇尚实干、实干光荣的浓厚氛围。

# 后　记

　　2021 年 3 月 5 日中共中央总书记、国家主席、中央军委主席习近平在参加他所在的十三届全国人大四次会议内蒙古代表团审议时强调，新发展理念是一个整体，必须完整、准确、全面理解和贯彻，着力服务和融入新发展格局。2022 年 3 月 5 日，习近平总书记在参加十三届全国人大五次会议内蒙古代表团审议时，鲜明提出"五个必由之路"的重大论断。其中第四个必由之路是贯彻新发展理念是新时代我国发展壮大的必由之路。

　　从这一系列重要论述可以看出，新发展理念将会是引领中国特色社会主义现代化建设的理念指导和实践指南。为了帮助广大党员、干部深入学习贯彻并坚定笃行新发展理念，为全面建设社会主义现代化国家开好局、起好步，我们认为必须全面阐述新发展理念。应人民出版社之约，我组织了全国党校（行政学院）系统、高校、军事院校、社科院系统的专家学者编写本书。

全书由我撰写了前言、后记，负责统稿。具体承担各章编写任务的是：第一章由内蒙古党校党建部副教授赵树禄承担；第二章由中央党校（国家行政学院）党建部博士侯术山承担；第三章由中央党校（国家行政学院）经济学部博士李瑞雪承担；第四章由北京林业大学马克思主义学院讲师、博士朱红承担；第五章由中央党校（国家行政学院）经济学部博士李书杰承担；第六章由中国人民大学马克思主义学院博士赵岩承担；第七章由火箭军工程大学马克思主义学院讲师王衡承担；第八章由辽宁省委党校党建部副教授郑超承担。

由于时间仓促，能力有限，有些错误在所难免，有些内容也需要进一步完善。在写作的过程中，本书参考了大量的著作、论文，未能一一列举出来，一并对业内同行表示感谢。

人民出版社法律编辑部洪琼主任等同志做了很多具体工作，给出了非常宝贵的建议。在此，对他们的辛勤劳动表示感谢。

洪向华

2024 年 7 月